현직 역사 교사들이 '제대로' 쓴 알차고 재미있는 한국사!

머리 아프게 공부해야 하는 역사가 아닌, 즐기면서 푹 빠져 읽을 수 있는 역사책. 풍부한 사료를 씨줄과 날줄로 삼아 옛사람들의 삶을 생생하게 되살려 낸 점이 돋보인다. 아이들이 진실한 이야기의 속맛을 느끼며, 역사 속으로 빠져들기를 기대한다.
— **김태웅** 서울대학교 역사교육과 교수

아이들의 독서 습관을 잘 아는 선생님들이 '제대로 된' 역사책을 펴냈다. 참 쉽다. 그러면서도 왜 역사가 우리의 삶과 성장에 필요한지를 몸소 느끼고 체험할 수 있게 써 놓았다. 《제대로 한국사》와 함께 우리 역사를 마음껏 탐구해 보자. 두둥두둥~ 자, 출발!
— **장용준** 함평고등학교 교장

아이들이 읽을 역사책은 무엇보다도 내용이 아이들에게 딱 맞는 제대로 된 것이어야 한다. 학교 현장에서 '살아 있는 역사 교육'을 실천해 온 전국역사교사모임 선생님들이 가꾼 한국사 텃밭이라면 우리 아이들이 '제대로 자랄 수 있는' 놀이터이자 우리 역사를 '제대로 느낄 수 있는' 배움터로 충분할 것이다.
— **전병철** 공주생명과학고등학교 교사

역사는 이야기다. 사람들이 있고, 사람들이 한 일이 있고, 그 사이 시간이 흘러간다. 《제대로 한국사》는 지금껏 이 땅에 살았던 사람들의 삶을 끊어지지 않는 이야기로 이어 놓았다. 누구든지 제 삶을 거짓 없이 돌아볼 수 있어야 앞날을 희망으로 그릴 수 있다. 이 책을 읽는 아이들이 만들어 갈 세상이 희망적인 까닭이다.
— **김강수** 수동초등학교 교사, 전국초등국어교과모임 회장

왕이나 위인들만의 역사가 아닌 보통 사람들의 이야기도 담겨 있는 역사책. 역사에 등장하는 인물들의 마음과 생각을 이해할 수 있으며, 초등 역사에서 꼭 알아야 하는 인물사, 생활사, 문화사 등 한국사를 '제대로' 담고 있다. 재미있으면서 가볍지 않고, 진지하면서도 무겁지 않다.
— **문재경** 부산효림초등학교 교사, 전국초등사회교과모임 공동 대표

우리 역사의 큰 흐름을 재미있는 내러티브로 이어 가고 있는 책이다. 관점은 믿음직하고 이야기는 유려하며 내용은 알차다. 아이들에게 권할 만한 '제대로 된 이야기 한국사' 책이 나와 반갑다. 내 아이에게 꼭 읽히고 싶다.

— **이성호** 서울배명중학교 교사, 역사교육연구소 어린이분과 연구원

아이들은 역사에서 오늘을 사는 우리의 삶을 비판적으로 읽어 낼 수 있어야 한다. 왕과 영웅의 역사 이야기 속에서도 언제나 약자였던 백성의 힘을 통찰할 수 있는 눈을 가져야 한다. 이 책은 교과서가 빠뜨린 '역사를 바르게 보는 눈'을 아이들에게 제공한다.

— **박진환** 논산내동초등학교 교사

'읽는 재미'와 '감동'을 선사하는 《제대로 한국사》는 교과서의 보조 교재로 사용하고 싶을 정도로 역사 고증에 충실하다. 이 책을 읽은 아이들은 역사는 암기가 아니라 그 시대를 살아간 사람들이 만들어 간 이야기이고, 역사를 배우는 의미는 깊이 있는 통찰력을 얻기 위해서라는 사실을 자연스럽게 깨닫게 될 것이다.

— **이어라** 의정부여자고등학교 교사

어릴 때 누구나 한번쯤 가져 봤던 궁금증. 내 아버지의 아버지, 아버지의 아버지는 어떤 사람이었을까? 내 어머니의 어머니, 어머니의 어머니는 어떻게 살았을까? 그 질문에 대한 가장 정성스럽고 현명한 답이 들어 있는 책. 박물관의 유물로만 여겨지던 역사를 살아 숨 쉬는 사람의 이야기로 들려주는 책이다.

— **김선정** 남양주월문초등학교 교사

시간의 흐름을 놓치지 않고 우리 역사의 시작부터 지금에 이르기까지를 다룬 《제대로 한국사》는 '살아 있는 이야기'로 다가온다. 이 책을 만나는 사람 모두가 지나온 길을 돌아보는 용기와 앞길을 내다보는 웃음을 얻을 것이라 믿는다.

— **윤승용** 남한산초등학교 교사

전국역사교사모임
선생님이 쓴
제대로
한국사

7

전국역사교사모임
선생님이 쓴

제대로 한국사 7

새 세상을 열어 가는 조선 사람들

전국역사교사모임 지음

휴먼 어린이

초대하는 글

역사책을 읽으며 웃고 우는 너희를 보고 싶다

《제대로 한국사》를 막 펼쳐 든 아이들아! 이 책은 우리나라 역사에 대해 쓴 책이란다. 이 책을 쓴 우리는 모두 학교에서 역사를 가르치는 선생님이면서, 너희 같은 아들딸을 둔 부모이기도 해. 너희는 '역사', '역사책'이라고 하면 어떤 생각이 떠오르니?

민경 아, 또 역사책이에요? 엄마가 들이미는 역사책은 재미없고 지루한데……. 나는 '해리 포터' 시리즈 같은 소설책이 좋아요. 한번 읽기 시작하면 점점 빠져들고, 뒷이야기가 궁금해서 견딜 수가 없거든요. 수많은 사람의 삶에 대한 이야기를 읽고 나면 감동도 밀려와요. 하지만 역사책은 별로 재미도 없고 감동도 주지 않으면서 괜히 폼만 잡아요. "이것도 알아야 한다.", "저것도 중요하다."라며 외워야 할 것만 죽 늘어놓고 있어요.

역사가 재미없다고? 그래 맞아. 너희가 그렇게 생각하는 것도 무리는 아니지. 역사 속 수많은 사람의 사는 이야기 대신 이름만 남고, 무슨 뜻인지도 모르고 외워야 할 제도만 남은 역사책은 재미없는 게 당연하단다. 하지만 역사야말로 수많은 사람이 얽히고설키면서 만들어 간 가장 웅장하고 아름다운 이야기, 가장 극적인 울트라 수퍼 드라마란다.

우리는 옛사람들의 삶과 이야기가 묻어나는 살아 있는 역사를 들려주고 싶었단다. 딱딱한 제도와 이름에 숨결을 불어넣어서 너희와 생생하게 만나게 하고 싶었어. 그래서 우리는 옛사람들이 남긴 책과 유물, 유적, 다양한 흔적 등을 열심히 살펴보았단다. 이러한 것들을 '사료'라고 하지. 옛사람들의 숨결과 생각이 담긴 사료들은 아주 생동감 있고 진실한 이야기로 다시 태어나서 너희에게 그 시대 사람들의 삶을 실감 나게 보여 줄 거야.

형주 나는 역사책을 좋아해요. 역사책을 읽으면 새롭게 배우는 게 많거든요. 최초의 근대적 조약은 강화도 조약이고, 최초의 근대적 병원이 광혜원이라는 것도 알아요. 대단하죠? 그런데 도대체 '근대적'이라는 말이 무슨 뜻이에요?

형주는 아는 것이 정말 많구나! 그런데 역사 공부는 퀴즈 대회를 준비하는 것과는 다르단다. 역사를 좋아하고 역사책을 많이 읽었다고는 하지만, 역사라는 커다란 그림을 보지 못하는 친구들도 많단다. 길을 갈 때 보도블록의 모양을 자세히 들여다보느라고 내가 어디로 가고 있는지 보지 못하는 경우처럼 말이야.

시간의 흐름을 칼로 자를 수 없듯이 역사도 계속 이어진단다. 한 사건은 다른 사건을 낳고, 그 사건은 또 다른 사건으로 이어지고……. 눈에 보이지 않는 작은 변화들이 모여서 어느덧 완전히 다른 모습의 사회가 만들어지기도 했단다. 그 속에서 사람들이 어려움을 이겨 내기도 하고, 길이 기억될 만한 멋진 문화유산을 남기기도 했지. 이렇게 큰 그림을 보듯 역사를 만나면, 어느덧 사회를 읽는 눈과 사람을 보는 눈을 키울 수 있단다.

우형 우리나라 역사는 갑갑해서 싫어요. 피라미드나 베르사유 궁전처럼 크고 화려한 유적도 없고, 땅덩이도 좁고, 맨날 다른 나라한테 얻어터지기나 하고. 우리나라 역사를 읽으면 우울해져요. 우리가 일본보다 먼저 서양 문물을 받아들였다면, 일본의 식민지가 되지도 않았을 테고, 만주 땅도 다 우리 땅이 되었을 텐데 말이죠.

우리가 힘이 세서 다른 나라에 쳐들어갔다면 자랑스러운 역사일까? 자랑스러운 역사, 빛나는 역사는 땅덩어리의 크기나 전쟁의 승리로 정해지는 것이 아니란다. 《제대로 한국사》를 읽다 보면, 우리나라 사람들이 얼마나 열심히 씩씩하게 살아왔는지를 알게 될 거야. 끊임없는 전쟁 속에서도 굳건히 가꾸어 온 희망, 온갖 위기와 역경을 헤쳐 나온 지혜, 좌절을 딛고 일어선 용기를 배울 수 있을 거야. 그러면서 너희는 분명 우리나라 역사를 사랑하게 될 거야.

너희가 만들어 갈 세상은 우리가 살아온 지난날보다 더 나은 모습이기를 바란다. 미래를 만들어 가는 데 과거를 돌아보는 것만큼 도움이 되는 것도 없지. 우리는 《제대로 한국사》가 너희에게 그런 도움을 주었으면 하고 간절히 바란단다.

지금부터 우리 조상들이 살아온 5000년의 이야기, 꿈을 꾼 사람들, 희망을 노래한 사람들, 성공한 사람들과 좌절한 사람들, 실패한 듯 보였지만 역사 속에서 살아난 사람들의 이야기를 들려줄게. 그 속에서 너희가 주인공이 될 멋진 미래를 꿈꾸어 보렴.

2015년 10월
글쓴이들

차례

초대하는 글 • 4

1 붕당의 시대

서인과 남인, 예를 두고 맞서다 • 12
울릉도와 독도는 조선의 영토이다 • 24
모내기하는 농민, 인삼 파는 상인 • 36
문화재를 찾아서 보통 사람들의 소망을 담은 그림, 민화 • 50

2 탕평의 시대

왕도 탕탕 왕도 평평 • 54
정조의 꿈, 화성에 깃들다 • 74
조선 문화의 꽃이 활짝 피어나다 • 90
만약에 수원 화성의 공사 현장에 가다 • 112

3 새 세상을 꿈꾸는 사람들

세도 정치의 그늘 • 116

안팎으로 거세지는 변화의 물결 • 130

조선의 농민들, 횃불을 들다 • 140

세계 속의 한국인 19세기 조선의 위대한 지리학자, 김정호 • 150

연표 • 152

사진 자료 제공 • 155

찾아보기 • 156

1650년
1659 예송 논쟁 시작
1678 상평통보 주조

1680년
1682년 금위영 군부대 두기 시작
1683년 서인, 노론과 소론으로 분열

남인들을 향해 복수의 칼날을 휘둘렀다.

　시름시름 앓던 인현 왕후가 기어이 세상을 떠났다. 숙종은 신당을 세우고 무당을 대궐로 불러들여 중전을 저주했다는 죄목으로 희빈 장씨에게 사약을 내렸다. 세자의 어머니인 희빈 장씨를 죽여서는 안 된다며 목소리를 높였던 사람들도 쫓겨났다. 남인들은 다시는 일어서지 못할 정도로 크게 상처 입었다.

　이제 서인과 남인 두 붕당은 도저히 한 하늘 아래에서 살 수 없는 원수가

"옛날 중국 송나라의 신종은 나이 스물여덟에 후궁에게서 첫아들을 얻었지만, 아들이 열 살이 되어서야 태자로 삼았습니다. 이번 일은 전하께서 크게 잘못하셨습니다. 이제라도 바로잡으셔야 합니다."

숙종은 노발대발했다.

'국왕이 후계자를 세우는 일에 신하가 이래라저래라 한단 말인가. 이런 괘씸한······.'

숙종은 송시열을 제주도로 쫓아냈다. 그를 따르던 서인들도 덩달아 벼슬을 잃었다. 그리고 조정은 다시 남인들로 채워졌다. 하루아침에 큰 힘을 손에 넣은 남인들은 벌 떼같이 들고일어나 시시콜콜한 일까지 들춰내며 간신히 살아남은 서인들을 공격했다. 귀양 가 있던 송시열은 사약을 받고 죽었다.

이 와중에 많은 사람의 운명이 엇갈렸다. 죄도 없는 인현 왕후가 애꿎은 모함을 받아 대궐 밖으로 쫓겨나고 희빈 장씨가 중전의 자리에 올랐다.

목숨을 걸고 인현 왕후 편을 들었던 선비 수십 명이 매를 맞아 죽어 나갔다. 한동안 희빈 장씨의 오라비 장희재와 남인 편에 선 사람들은 세상에 무서울 것이 없이 지냈다. 하지만 남인들의 운명도 서서히 내리막길에 접어들었다. 남인들은 조정에 남은 서인들을 완전히 몰아내려고 얕은꾀를 내다가 도리어 곤경에 처했다.

남인들의 꼬락서니가 영 거슬리던 참에 숙종은 무릎을 쳤다.

'그래. 이번 기회에 남인들을 쫓아내고 왕의 위엄을 세워야겠다.'

숙종은 서인들의 관직을 되찾아 주고 남인들을 내쳤다. 장씨가 다시 희빈이 되고 인현 왕후가 중전 자리로 돌아왔다. 다시 살아난 서인들은

인현 왕후와 희빈 장씨

"이제야 전하께서 우리 서인을 제대로 대접해 주시네."

"아깝게 돌아가신 첫 번째 중전마마도 우리 서인 가문 출신이시고, 두 번째로 중전이 되신 인현 왕후께서도 서인 집안의 따님이시네."

"중전마마께서 세자만 낳으시면 부귀와 권세는 오래도록 우리 차지일 거야."

하지만 서인의 기대와 달리 숙종의 마음은 궁녀 장씨에게 있었다. 장씨는 미모는 뛰어났지만 신분이 낮은 데다 쫓겨난 남인과 가까운 집안 출신이었다. 서인들은 그런 장씨를 미워했고, 온갖 구실을 들어 대궐에서 쫓아냈다. 하지만 장씨는 몇 년 뒤 다시 궁으로 돌아와 왕자를 낳았다.

숙종은 뛸 듯이 기뻐했다. 그렇지 않아도 왕자가 태어나지 않아 마음이 불안하고 급한 터였다. 숙종은 태어난 지 석 달밖에 안 된 아기를 원자로 삼으려고 했다.

서인들은 날벼락을 맞은 듯 당황했다. 원자는 장차 세자가 될 왕자라는 뜻이니 도저히 그냥 지나갈 수 없었다.

"중전마마께서 아직도 젊으신데, 궁녀가 낳은 아들을 원자로 삼아서는 아니 되옵니다."

숙종은 자신의 나이가 이미 스물여덟을 넘었으니 원자를 빨리 정해야 한다면서 기어이 이 아기를 원자로 삼았다. 그런 뒤 장씨에게 희빈이라는 이름을 내리고 정식 후궁으로 삼았다.

이를 가만히 보고 있을 송시열이 아니었다.

과연 조선 최고의 권세가가 벌이는 잔치다웠다. 상다리가 부러지도록 차려진 산해진미에 음악이 흥을 돋우었다. 그런데 잔치가 무르익을 무렵, 갑자기 하늘이 흐려지더니 후둑후둑 빗방울이 떨어지기 시작했다. 그 시간, 대궐에서 비가 내리는 것을 본 숙종은 사람을 불렀다.

"허적 대감의 집에 유악(기름을 먹인 천막)을 가져다주어라. 모처럼의 잔치를 비 때문에 망쳐서야 되겠는가."

그런데 잠시 뒤에 돌아온 내관이 아뢰었다.

"전하, 유악이 없사옵니다."

"아니, 유악이 없다니?"

숙종이 묻자, 내관이 민망한 얼굴로 말했다.

"이미 유악은 허적의 집에서 가져갔다고 하옵니다."

"뭐라고?"

숙종은 크게 화가 났다.

"군대에서 쓰는 중요한 물건을 왕의 허락도 없이 제멋대로 가져가다니, 세조 대왕 시절에 하늘을 나는 새도 떨어뜨릴 만큼 권세를 누렸던 한명회도 감히 이런 짓거리를 하지는 못했다. 나를 얼마나 우습게 봤으면 그런단 말이냐. 절대로 그냥 두지 않겠다."

숙종은 어금니를 깨물며 다짐했다. 어떤 붕당이든 조정을 뒤흔들고 왕권을 위협할 정도로 힘이 커지게 놔두어선 안 되겠다고 마음먹었다.

이 일을 구실 삼아 숙종은 남인을 조정에서 몰아내고 서인을 등용했다. 송시열도 귀양에서 풀려났고 세상은 다시 서인들 차지가 된 듯했다.

"둘째 며느리이기 이전에 왕비 자리에 계셨던 분입니다. 왕비에 대한 예를 갖춰 1년으로 하셔야 하옵니다."

남인 허적이 주장했다.

송시열과 서인들은 이번에도 자신들이 이길 것이라고 생각했지만 그 예상은 빗나갔다. 현종은 남인들의 손을 들어 주려고 마음먹었다. 서인들의 힘이 너무 커진 것을 경계하려고 한 것이다.

그러나 현종도 그리 오래 살지 못했다. 상복을 둘러싼 예법 논쟁을 채 마무리 짓지도 못하고 세상을 떠났다.

왕의 자리는 단 하루도 비워 둘 수 없었기 때문에 열다섯 살도 되지 않은 어린 세자가 왕위에 올랐다. 새 왕 숙종은 나이는 비록 어렸지만 복잡하고 어려운 일을 모두 스스로 처리할 만큼 영리했다. 평소 송시열과 서인을 좋지 않게 생각했던 새 왕은 남인을 곁에 두었다.

예법 다툼을 겪으면서 붕당들의 사이는 갈수록 나빠졌다. 서로 토론해 의견 차이를 좁히기보다는 상대방을 몰아내는 데 힘을 쏟기 시작했다.

하룻밤 사이에 뒤집히는 조정, 환국

여섯 해가 흘렀다. 조정은 남인들이 이끌고 서인들은 숨을 죽였다. 스무 살 청년이 된 숙종은 점점 더 왕권을 강화해 붕당에 휘둘리지 않으려 했다.

그러던 어느 날, 영의정 허적의 집에서 큰 잔치가 열렸다. 구경꾼이 구름처럼 몰려들고 선물 꾸러미를 든 사람들이 줄지어 들어갔다.

"북벌은 효종 대왕께서 평생을 걸고 하신 일입니다. 계속 이어 가셔야 합니다. 청나라는 우리의 원수입니다."

"조선은 청나라 오랑캐 따위와 비교할 수 없는 문화를 가지고 있습니다. 우리의 자존심을 지키기 위해서라도 싸워야 합니다."

그러나 현종은 고개를 흔들었다.

"하지만 청나라는 이미 우리가 힘으로 싸워서 이길 수 있는 나라가 아니오. 청나라가 명나라의 숨통을 거의 끊고 천하를 손에 넣은 현실을 똑바로 보시오."

북벌을 그만두면서 성벽을 쌓는 부역에 끌려 나가거나 군인으로 뽑혀 갔던 백성들이 환호성을 지르며 집으로 돌아갔다. 그리고 열심히 땅을 일구고 씨앗을 뿌리며 농사를 지었다. 나라가 훨씬 더 평화로워지고, 더 빨리 안정을 찾아갔다.

얼마 뒤 현종의 어머니가 세상을 떠났다. 그러자 남인과 서인의 예법 다툼이 또 시작되었다. 현종의 할머니 자의 대비가 여전히 살아 있어 이번에는 며느리의 상복을 입어야 했기 때문이다.

"돌아가신 분은 둘째 며느리이므로 9개월 동안 상복을 입어야 합니다."

서인 송시열이 주장했다.

1 붕당의 시대 · 17

그리고 얼마 뒤 씻은 듯이 병이 나았다.

"그것 보아라. 내가 뭐라고 했느냐. 허목은 예법뿐 아니라 의술에서도 이 나라 최고이니라."

서인 송시열과 남인 허목은 조정에서 만나면 서로 다른 의견을 가지고 다투는 맞수였다. 하지만 조정에서 물러나면 서로의 훌륭한 점을 인정하고 믿어 주는 성품과 아량을 지닌 사람들이었다.

예법 다툼이 다시 일어나다

현종은 조선을 평화롭게 다스렸다. 아버지 효종이 추진하던 북벌 정책도 중단시켰다.

북벌을 계속해야 한다는 주장도 있었다.

허목은 여러 책을 뒤적였다. 양미간을 찡그리는가 하면 머리를 설레설레 흔들기도 했다. 송시열의 아들은 허목을 의심스러운 눈으로 지켜보았다.

'아버님과 미수 대감은 서로 원수처럼 싸웠던 사이인데, 과연 미수 대감 손에 아버지의 목숨을 맡겨도 될까?'

허목이 정성스레 쓴 처방전을 내밀었다. 집으로 돌아와 송시열과 함께 처방전을 열어 본 아들은 깜짝 놀랐다.

"약재 중에 독약이 있습니다. 아버지를 해치려는 교활한 술수임이 분명하니, 그 처방대로 약을 드시면 절대로 아니 되옵니다."

하지만 송시열은 기어이 처방전대로 약을 지어 오게 해서 달여 먹었다.

허목
학자 겸 문신 정치가이며 이황의 학문을 이어받아 남인의 지도자가 되었다. 호는 미수이며, 역사책과 예법서 등 여러 분야의 책을 썼다.

송시열과 허목

그로부터 얼마 뒤, 송시열의 아들이 갑자기 허목을 찾아왔다.

"저희 아버님께서 큰 병을 얻어 자리에 누우셨습니다. 유명하다는 의원을 모두 부르고, 좋다는 약을 백방으로 구해 써 보았지만 점점 더 나빠지기만 합니다. 아버님께서 미수(허목의 호) 대감을 찾아뵈라고 하셨습니다. 여기 아버님께서 보내신 편지가 있습니다."

편지에는 송시열의 병세가 자세히 적혀 있었다. 병을 치료할 수 있는 방법을 알려 주고, 어떤 약을 써야 할지 처방을 써서 아들 편에 보내 주면 고맙겠다는 내용이었다.

"당연히 처방을 써서 보내야지. 잠시만 기다리게."

송시열
효종의 스승을 지낸 대학자이자 정치가이다. 호는 우암이며, 정조 시대에 송시열의 저작을 모은 《송자대전》이 편찬되었다.

어머니인 자의 대비가 살아 있었다. 자의 대비가 죽은 아들의 상복을 얼마 동안 입어야 할 것이지를 두고 서인과 남인은 서로 다른 예법을 내놓았다.

송시열과 서인들은 왕실과 양반 사대부의 예법이 다르지 않다며 1년 동안 상복을 입으면 된다고 주장했다.

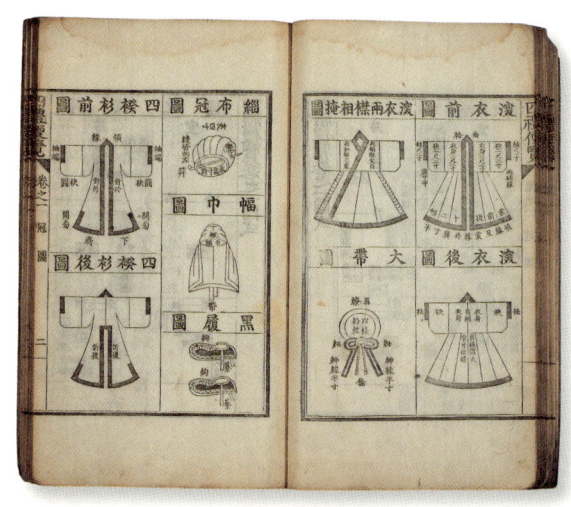

《사례편람》
조선 후기 예학자인 이재가 예에 관한 여러 이론을 모아 엮은 책.

"우리 조선의 법전인《경국대전》에 따르면, 아들이 죽으면 부모가 1년 동안 상복을 입어야 합니다."

그러나 예에 밝기로 이름난 남인 학자 윤선도의 생각은 달랐다.

"주자(주희, 성리학의 창시자)께서 말씀하신 예법을 모은《주자가례》에는 장남이 죽었을 때는 3년, 다른 아들이 죽었을 때는 1년 동안 상복을 입어야 한다고 나와 있습니다."

남인 허목이 말했다.

"효종 대왕께서는 인조 대왕의 둘째 아들이셨지만 왕위를 이었기 때문에 맏아들과 같은 대우를 받으셔야 합니다. 마땅히 3년에 따라야 합니다."

왕실과 사대부의 예법은 다르다는 것이었다. 결국 송시열과 서인들이 이겼다. 예법 논쟁에서 진 남인의 우두머리 허목은 멀리 강원도의 삼척 부사 자리로 쫓겨났다.

서인과 남인, 예를 두고 맞서다

예는 나라를 다스리는 근본

북벌을 이루지 못한 한을 가슴에 품고 효종이 세상을 떠났다. 새 왕 현종은 아버지의 죽음을 슬퍼할 겨를조차 없었다. 돌아가신 아버지 장례를 엄숙하게 치러 내는 일이 무엇보다 중요했다.

조선은 유학, 그중에서도 성리학의 나라였다. 성리학에서 가르치는 예법에 따라 나라의 모든 일을 정성껏 치러야 했다. 몇 달씩 걸리는 왕의 장례에서는 한 치의 실수도, 사소한 잘못도 있어서는 안 되었다. 이 때문에 송시열이 이끄는 서인과 허목이 이끄는 남인이 서로 팽팽하게 맞서고 있었다.

"3년이 옳다고 생각하오!"

"무슨 소리요? 1년이 맞소."

아들이 먼저 세상을 떠났을 때, 어머니가 상복을 얼마 동안 입어야 할 것인가를 두고 남인과 서인의 주장이 달랐던 게 문제였다. 효종이 죽었지만

1 붕당의 시대

1700년
1708년 전국적으로 대동법 시행
1712년 백두산에 정계비 세움

1690년
1690년 희빈 장씨, 왕비가 됨
1696년 안용복, 독도에서 일본 어부 쫓아냄

되었다. 한쪽이 힘을 얻으면 다른 한쪽의 모든 것, 심지어 목숨까지 빼앗아야 직성이 풀렸다. 이들의 다툼은 학문 연구와 세상을 보는 생각의 차이에서 비롯했지만, 사람들의 생활을 풍요롭게 만들려는 고민과는 거리가 멀었다.

모든 권력을 손에 쥔 서인들은 그 안에서도 다시 편이 갈렸다. 노론과 소론으로 나뉘어 굵직한 나랏일은 물론 사소한 일에서까지 맞서고 다투었다.

울릉도와 독도는 조선의 영토이다

조선 통신사, 일본으로 가다

1682년(숙종 14) 봄. 일본 쓰시마 번의 도주가 조선의 동래 부사에게 사절을 보내왔다. 일본 사절이 동래 부사에게 말했다.

"이번에 도쿠가와 막부의 쇼군이 새로 취임하셨습니다. 조선에서 통신사를 파견해 축하해 주시면 정말 좋겠습니다."

쇼군은 일본의 최고 통치자였다. 천황이 있지만 상징적인 존재일 뿐 실제로 일본을 다스리는 사람은 쇼군이었다.

"곧 우리 조정에 보고하도록 하겠습니다."

동래 부사의 보고를 받은 조정에서는 통신사 파견 준비를 서둘렀다. 숙종은 누구를 통신사 일행의 대표로 삼을 것인지 조정 신하들과 의논했다.

"일본을 잘 아는 윤지완 공을 정사로 삼아 보내는 것이 좋겠습니다."

숙종도 같은 생각이었다.

"그렇게 하시오. 예조에서는 새 쇼군에게 보내는 축하 인사 편지를 잘 만들도록 하시오."

"이번에는 쓰시마 번에서 뛰어난 의관(의사)을 함께 파견해 달라는 간곡한 청이 있었습니다."

"전의감에 일러서 누구를 보내면 좋을지 추천하라고 하세요."

일본어 통역을 맡을 역관도 여러 명 필요했고, 통신사의 출발부터 도착까지 온갖 일을 꼼꼼히 기록할 서기관도 10명은 넘게 뽑아야 했다. 그림을 잘 그리는 사람도 꼭 함께 가야 했다. 기록으로 남길 그림을 아주 정확하고 세밀하게 그려야 했기 때문이다.

특별히 글을 잘 쓰고, 한시를 잘 짓는 사람, 글씨를 잘 쓰기로 이름난 사람도 통신사 일행이 되었다. 두 나라 관리들의 만남의 자리나 연회에서 아름다운 음악을 연주할 악공들, 춤을 잘 추는 사람, 재주를 잘 부리는 사람도 통신사를 따라가도록 했다.

"일본 사람들은 우리 통신사의 행렬을 축제처럼 생각한다지요?"

"예, 그렇답니다. 조선 통신사 일행 중 누구에게든 글씨와 그림을 받으려고 줄을 선답니다."

"재주가 뛰어난 사람을 많이 보내도록 하세요. 우리 조선이 얼마나 훌륭한 문화를 가진 나라인지 보여 줄 수 있는 좋은 기회이니까요."

이렇게 해서 일본으로 갈 통신사 일행은 모두 475명이 되었다. 통신사를 보낼 준비를 하는 데만 꼬박 1년이 걸렸다. 쇼군에게 보내는 선물은 물론 쇼군이 있는 에도까지 가는 도중에 통신사 일행을 맞아 대접하는 번에 줄 선물도 챙겼다.

훌륭한 말, 사냥용 매, 꿩, 인삼, 고급 비단, 질 좋은 목면, 최고급 붓과

〈조선 통신사 내조도〉
1748년에 파견된 조선 통신사 일행이 에도 성에서 쇼군과 국서를 교환하고 숙소로 돌아가는 모습이다.

먹 등 일본으로 가져갈 선물은 경기·충청·경상·전라도 관청에서 나눠 준비했지만 결국에는 고스란히 백성들의 부담으로 돌아갔다.

　백성들의 부담은 선물에 그치지 않았다. 500명에 가까운 통신사 일행이 한성을 출발해 부산까지 가는 동안 그 길목에 있는 고을에서는 이들이 먹을 음식과 잠잘 곳을 마련하고 산더미 같은 짐을 운반할 소와 말을 내놓아야 했다. 너무 힘들어서 나라를 원망하는 사람들도 적지 않았다.

　숙종의 다음 왕인 영조 때 통신사로 일본에 다녀온 조엄은 쓰시마 섬에서 자라는 고구마를 보고 흉년이 들었을 때 굶주린 백성을 구해 줄 수

〈국서누선도〉
통신사 일행이 조선 국왕이 내린 국서를 싣고 일본 오사카의 요도가와 강을 건너는 장면의 그림이다.

있는 작물이라고 생각했다. 조엄은 임무를 마치고 돌아오는 길에 고구마 종자를 구해 왔다. 그의 예상은 들어맞았다. 따뜻한 남쪽에서 잘 자라는 고구마는 북쪽 지방에서 잘 자라는 감자와 더불어 굶주림을 덜어 주는 요긴한 작물이 되었다.

독도 장군, 안용복

어느 여름날, 어부 몇몇이 거룻배(돛이 없는 작은 배)를 저어 고기를 잡다가 폭풍을 만나 울릉도 앞바다까지 밀려갔다. 섬에 올라가 피신을 하려던 이들 앞을 일본 배 7척이 에워싸듯 막아섰다. 일본 어부들은 막 그물을 거둬 올리던 참이었다. 조선 어부들과 일본 어부들이 서로 노려보았다. 조선 어부 중에는 서른여섯 살 안용복도 있었다.

울릉도와 독도는 조선의 땅이었지만, 나라에서는 오래전부터 이들 섬에 사람이 살지 못하도록 했다. 군사를 보내 지키기 어렵다는 것이 이유였다. 그 사이 일본 어부들이 울릉도와 독도 근처에서 물고기를 잡았다. 일본의 도쿠가와 막부는 울릉도와 독도가 조선의 영토라는 사실을 알고 있었지만 은근슬쩍 눈감아 주었다. 일본 어부들은 울릉도에 내려 나무를 베기도 하고 사냥도 했다. 그러니 하루가 멀다 하고 조선과 일본 어부들 사이에 주먹다짐이 오가는가 하면, 서로 배를 부수기까지 했다.

새까맣게 탄 얼굴에 듬성듬성 곰보 자국까지 있는 안용복이 이마 가득 주름을 잡고 유창한 일본어로 따져 물었다. 예전에 경상 좌수영에서 수군 노릇을 할 때 우연찮게 일본어를 배워 둔 것이다.

"울릉도는 조선에 속한 섬인데 어찌하여 너희가 이곳에 있느냐? 혼쭐이 나고 싶으냐?"

안용복은 상어를 잡는 장창을 힘주어 쥐었다.

"우리는 오타니 가문의 어부들이다. 이곳 죽도는 우리 땅이다."

일본 어부들은 안용복을 일본으로 끌고 갔다. 안용복은 일본 관리들을 만날 때마다 울릉도가 어째서 일본 땅이냐고 따졌다. 난처해진 일본 관리가 막부에게 보고하자, 막부는 '울릉도는 일본의 영토가 아니다.'라는 문서를 써 주고 안용복을 조선으로 잘 돌려보내라고 명했다.

그런데 조선으로 돌아오는 길에 안용복 일행은 일본 무사들에게 납치되어 쓰시마 섬으로 끌려갔다. 쓰시마 번의 도주가 울릉도를 쓰시마 섬에 딸린 섬으로 만들려는 속셈을 가지고 있었던 것이다. 도주는 막부가 보낸 문서를 빼앗은 뒤 50일이나 안용복을 가뒀다가 동래로 돌려보냈다. 그리고 안용복에게 죄를 뒤집어씌우는 문서를 조선에 보냈다. 안용복은 허락 없이 국경을 넘어갔다는 죄로 2년 넘게 옥살이를 해야 했다.

'쓰시마 번 도주의 욕심을 꺾지 않으면 울릉도와 독도가 계속 위험해. 아무래도 내가 담판을 지어야겠다.'

풀려난 안용복은 마음을 사려 먹고 배 3척을 구한 뒤 어부 16명을 모아 울릉도로 향했다. 역시 일본 어부들이 와 있었다.

"이곳은 우리 땅이다. 빨리 너희 나라로 돌아가지 않으면 모두 붙잡아 옥에 처넣고 말 테다!"

일본 어부들이 황급히 배를 몰고 동쪽으로 사라졌다. 다음 날 아침, 안용복은 독도에 가서 또다시 일본 어부를 쫓아낸 뒤 일본 호키 섬으로 갔다. 안용복은 조선의 높은 관리 차림을 하고 호키 섬 태수를 만났다.

"나는 울릉도와 독도를 책임지는 장군이오. 나는 3년 전에도 이곳에 왔었소. 울릉도와 독도가 조선의 섬이라는 사실을 확인하는 문서를 받았던 것을 기억하리라 믿소. 그런데 쓰시마 번의 도주가 막부의 명도 어기고, 조선에도 거짓을 고해서 내가 얼마나 고생을 했는지 모르오. 이를 어찌

그냥 넘길 수 있겠소? 내가 당장 막
부에 고해 쓰시마 번의 못된 행동을 알
릴 참이오."

호키 섬 태수의 얼굴이 하얗게 질렸다. 자칫하면 모두의
목숨이 달아날 판이었다. 태수는 급히 쓰시마 섬에 사람을 보냈다.
쓰시마 섬에서는 제발 참아 달라면서 울릉도와 독도는 분명 조선의 영
토라고 확인하는 문서를 보내왔다. 안용복은 마음먹은 일을 깔끔하게 처
리하고 돌아왔다.

그러나 강원도 감사는 돌아온 안용복 일행을 잡아 가뒀다. 그들은

한성으로 압송되어 지독한 고문을 당하고 옥에 갇혔다.

조정 대신들은 안용복을 죽여야 한다며 소란을 떨었다.

"감히 거짓으로 관리를 칭한 죄는 죽어 마땅하옵니다."

"안용복은 마음대로 국경을 넘었습니다. 자칫 쓰시마 섬과 우리 사이에 다툼이라도 생기면 어떻게 합니까?"

그러나 남구만과 윤지완 등이 안용복을 살려야 한다고 극구 말렸다.

"조선과 일본 조정을 속이는 큰 죄는 지었지만, 그동안 해결하지 못했던 어려운 문제를 매듭지었습니다. 그 공을 봐서라도 살려야 합니다."

결국 안용복은 고문으로 지친 몸을 이끌고 멀리 떨어진 섬으로 귀양 갔다. 남구만은 모진 고초를 당해 누더기가 된 몸으로 함거

안용복 사당
안용복은 조선 숙종 때 경상 좌수영 수군으로 동료와 함께 일본에 건너가 울릉도와 독도가 우리 땅임을 확인받았다. 그의 국토 수호 업적을 기려 세운 사당이 부산 수영 공원에 있다.

(죄인을 실어 나르던 수레)에 실려 가는 안용복을 먼발치에서 바라보았다. 이 듬해 쓰시마 섬에서 울릉도와 독도는 조선의 섬임을 확인하는 서계(조선 시대에 일본과 주고받던 문서)를 연달아 보내왔지만 안용복은 끝내 풀려나지 못했다.

백두산에 정계비를 세우다

안용복 사건 후 15년의 시간이 흘렀다. 청나라에서 사신을 보내왔다. 조선과 청나라의 국경을 새로 정할 필요가 있으니 백두산에 경계를 알리는 비석을 세우자고 했다. 세종 때 6진을 두면서 압록강과 두만강이 북쪽 국경이 되었지만 백두산 부근의 경계선은 명확하지 않았다. 이 근처의 숲에서는 산삼이나 모피가 많이 나서 조선 사람들이 강을 건너가 채취하거나 토지를 개간하기도 했다. 청나라 사람들도 조선 쪽 영토에 들어와 소란을 떨기도 했다.

청나라에서 오라총관 목극등을 보내오자 조선에서도 이를 맞이할 관리를 보내 함께 백두산을 답사하도록 했다(1712년). 그러나 목극등은 조선 관리가 너무 늙어 산을 오르지 못한다는 등 핑계거리를 만들고 극구 함께 가지 않으려고 했다.

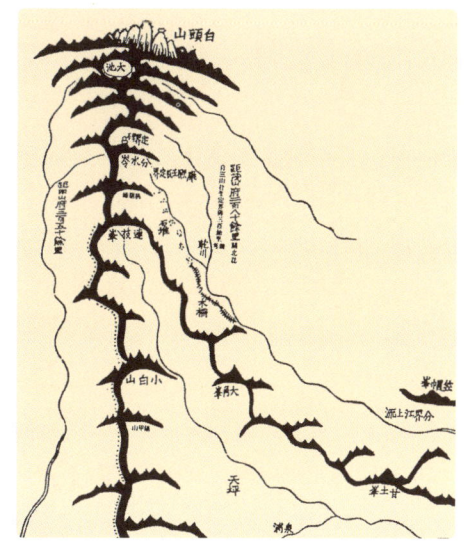

〈대동여지도〉의 백두산 부분
백두산의 대지(大池) 아래에 정계비가 표시되어 있다. 이 정계비는 1931년 만주 사변 직후 없어졌다.

그래서 조선 쪽에서는 역관 김지남 등 몇몇만 백두산에 오를 수 있었다. 목극등은 백두산 정상이 아니라 남동쪽 조선으로 훨씬 내려온 곳에 "서쪽으로는 압록강, 동쪽으로는 토문강으로 경계를 삼는다."는 글귀를 새긴 정계비를 세웠다.

이 무렵 숙종은 한성의 북쪽 북한산에 산성을 다시 쌓도록 했다. 다시 전란이 닥치더라도 함께 힘을 합쳐 이겨 내겠다는 다짐이었다. 9500미터에 이르는 성벽을 단 6개월 만에 완성할 정도로 조선은 힘을 회복했다. 임진왜란 후 100년, 병자호란 후 80년 남짓한 세월이 흐르는 동안 조선은 전쟁의 상처를 잘 극복해 냈다. 새 시대를 열어 가려는 조선 사람들의 눈물과 땀이 이룬 결실이었다.

모내기하는 농민, 인삼 파는 상인

모내기법이 널리 퍼지다

아침 햇살이 제법 따가웠다. 오늘은 순이네 논에 모내기를 하는 날이다. 마을 두레의 일꾼들이 모여들었다. 순이 아버지가 모판에서 튼실하게 자란 볏모를 뽑아내 손아귀에 쥘 수 있을 만큼 덩어리로 묶어 논 여기저기에 가져다 놓았다.

"일손이 많아서 오늘 해가 지기 전에는 모내기를 끝낼 수 있겠네."

아랫녘 논에서 칠복이네가 용두레(낮은 곳의 물을 높은 곳의 논이나 밭으로 퍼 올리는 데 쓰는 농기구)로 물을 대는 것을 보니 그 집이 다음 모내기 차례인

모양이었다.

　모내기(이앙)는 두 번의 전란을 치르고 난 뒤 조선에 널리 퍼진 벼농사 방법이었다. 예전에는 봄에 밭이나 논에 직접 볍씨를 뿌렸지만(직파), 모내기법으로는 모판에서 자란 모종을 늦봄이나 초여름 무렵 논에 옮겨 심었다. 봄이 되면 논 한쪽에 보드라운 흙으로 모판을 만들고 볍씨를 촘촘하게 뿌린다. 싹이 터 어른 손 한 뼘만큼 자랄 때까지 정성껏 볏모를 기른다. 볏모가 자라는 봄 내내 들판에는 지난해 늦가을에 뿌린 보리가 알찬 이삭을 달고 서 있었다. 농부들은 다 여문 보리를 거두고 쟁기질로 땅을 갈아엎었다. 흙을 잘게 고른 다음 흙이 질척질척할 때까지 물을 대고 써레질을 했다. 볏모의 뿌리가 흙 속 깊이 들어가도록 옮겨 심으려면 사람의 손과 발이 푹푹 빠질 만큼 물기가 많아야 했다.

　"자, 줄을 맞춰 서 보시오. 이제 모내기를 시작합시다."

　농부 두 사람이 논의 이쪽저쪽에서 마주 보고 가느다란 줄을 잡아 모심을 위치를 잡았다. 나란히 선 사람들이 줄에 맞춰 모를 심었다. 누군가가 모심는 노래를 먼저 시작했다.

모내기를 마친 논에는 아기 벼들이 가로세로 줄을 맞춰 서 있었다. 벼가 자라면서 잡초도 함께 자랐지만 벼처럼 줄을 서지 않기 때문에 잡초를 금방 알아낼 수 있어서 김매는 데 필요한 일손이 많이 줄었다.

"모내기는 참으로 신통한 방법이야. 그렇지 않은가?"

"그렇고말고. 가을걷이 끝난 텅 빈 논에 보리를 심어 초여름에 거둘 수 있게 된 것도 모내기 덕분 아닌가?"

"얼마나 좋은가? 봄철이면 볍씨가 모판에서 옹기종기 자라고, 너른 들판에는 보리가 익어 가니 말일세."

하지만 모내기를 하려면 마을 전체의 논을 한꺼번에 적실 만큼 충분한 물을 댈 수 있어야 했다. 그래서 마을마다 저수지를 많이 만들었다. 강에서 논으로 물길을 만드는 공사를 벌이는가 하면, 끌어온 물을 논으로 퍼 올리는 도구도 만들어 냈다.

가을에 거둔 곡식은 가족들의 한 해 식량이 되었을 뿐만 아니라 나라에 바치는 세금이 되어 주었다. 아무리 배가 고파도

모내기
농민들이 한 줄로 늘어서서 모내기를 하고 있다. 모내기는 모가 알맞게 자라면 논으로 옮겨 심는 방법이다. 노동력은 줄이고 수확량은 늘리는 효과를 가져왔다.

다음 해 농사지을 종자는 꼭 남겨 두었다.

　남의 땅을 빌린 농부는 땅 주인에게 거둔 곡식의 절반을 주어야 했다. 같은 일손으로 훨씬 넓은 땅을 농사지을 수 있게 되었으니, 땅을 점점 늘려 가는 사람도 있었다. 직접 농사지어 이익을 남길 생각으로 농부들에게 빌려주었던 땅을 거둬들이는 인심 사나운 땅 주인도 적지 않았다.

　마을 사람들은 밭농사도 열심히 지었다.

　"이랴, 이랴, 어서어서 밭을 갈자!"

　젊은 농부가 소 두 마리가 끄는 쟁기로 땅을 갈아엎었다.

　"올해는 무엇을 심으려는가?"

　동네 노인이 담뱃대를 입에 물고 호물거리며 물었다.

　"예. 한쪽에는 미나리, 배추, 오이나 고추 같은 채소를 심고, 더 넓은 땅에는 담배 씨앗을 뿌릴 생각이에요. 담뱃잎을 잘 말려서 장에 내다 팔려고요."

　담배는 임진왜란 뒤 일본에서 들어왔는데, 어느새 양반과 평민 할 것 없이 남녀노소가 즐겨 피우게 되었다. 담배가 배 속의 회충을 없애 준다는 뜬소문 탓에 많은 사람이 담배를 찾았다. 술이나 밥은 끊어도 담배는 못 끊겠다는 양반이 있는가 하면, 대갓집 종이 마루나 부뚜막에 앉아서 안개를 토하듯 담배를 피우다가 주인에게 들켜 혼찌검이 나기도 했다.

　담배 농사를 잘하면 살림 걱정 없이 살 수 있었고, 큰돈을 벌 수도 있었기 때문에 점점 더 많은 농부가 담배 농사를 지었다. 나중에는 백성들이 곡식 농사는 게을리하면서 담배 농사만 지으려 한다고 어전 회의에서 크게 걱정할 정도였다.

농부들은 자기 고을의 땅과 기후에 맞는 농작물을 찾아서 열심히 길렀다. 따뜻한 남쪽 지방 너른 들에서는 목화를 재배하는 농부들이 땀을 흘렸다. 인삼으로 유명해진 곳도 여럿이었다. 이 고을에서는 생강, 저 고을에서는 고구마가 유명해져서 아주 멀리 떨어진 곳까지 팔려 나갔다. 사과나 단감 같은 과일, 모시나 삼베 같은 옷감, 김과 미역, 여러 가지 생선과 젓갈까지 고을마다 유명한 특산물이 생겨났다.

담뱃대와 담배 침
담배 침은 담뱃대에 뭉쳐 있는
담배 가루를 긁어내는 도구이다.

장시와 포구의 상인들

한 무리의 보부상이 장터를 향해 길을 가고 있었다. 패랭이를 쓰고, 걷는 데 불편함이 없게 하려고 다리에 각반(발목에서 무릎 아래까지 돌려 감거나 싸는 띠)을 묶고 짚신을 신었다. 보부상들은 지게에 가득 물건을 지고도 날아가듯 걸었다. 제일 앞서 걷던 사람이 말했다.

"사람들이 많이 다니는 목 좋은 곳에 자리를 잡으려면 빨리 가야겠네. 남은 물건을 오늘 다 팔아야 해. 그러지 않으면 생선이 상해서 손해를 볼지도 몰라."

보부상 무리에는 처음 장삿길에 따라나선 쇠돌이도 있었다. 쇠돌이는 가난한 농사꾼의 아들로 태어나 열여섯 살이 될 때까지 농사만이 세상의 전부인 줄 알았다.

"땅은 정직하단다. 다른 생각은 하지 말고 열심히 농사나 짓거라."

아버지는 늘 이렇게 말씀하셨지만 쇠돌이의 생각은 달랐다. 요모조모 따져 보면 장시를 돌며 물건을 사고파는 것이 훨씬 이익이었다. 농사를 지어 봐야 나라에 세금 내고 땅 주인에게 소작료 내면 남는 게 없었다. 모내기하고 보리도 심고 담배도 심는다지만 그건 넓은 자기 땅이 있는 사람들 이야기일 뿐이었다. 그래서 쇠돌이는 부모 몰래 집을 뛰쳐나와 보부상 무리에 들어왔다.

'꼭 큰돈을 벌어 돌아가야지······.'

쇠돌이는 어깨 살을 파고드는 등짐의 끈을 추슬러 올렸다.

쇠돌이 일행이 도책했을 때 이미 장터는 사람들로 북적였다. 직접 기른 채소나 곡식을 갖고 나와 파는 사람들도 있었고, 또 다른 보부상 무리도 있었다. 장은 닷새마다 한 번씩 열렸는데, 가까운 마을끼리 장이 서는 날을 겹치지 않게 잡아 놓아서 보부상들은 오늘은 이 장터, 내일은 저 장터를 돌아다녔다.

"어이~ 잘 지냈지?"

일행 중 한 명이 나무 그릇과 대바구니 등을 파는 보부상 친구에게 손을 흔들었다. 보부상들의 등짐과 봇짐 안에는 옷감, 어물, 소금, 놋그릇, 질그릇부터 꽤나 값나가는 붓과 먹, 구리로 만든 물건까지 온갖 것이 들어 있었다.

"이렇게 촘촘하게 짠 무명을 사려면 다섯 전은 주셔야 해요."

"에이, 두 전밖에 없는데……."

"그 젓갈 한 단지와 우리 집에서 기른 채소를 맞바꾸면 어떻겠소?"

"싫소. 나라에서 정한 돈으로 주시오."

예전에는 필요한 물건끼리 서로 맞바꿨지만 나라에서 상평통보를 만든

상평통보
1633년부터 사용된 조선 시대의 화폐로 조선 후기까지 사용되었다.

뒤로, 돈을 주고 물건을 사는 일이 점점 많아졌다.

　날이 갈수록 장시도 늘어나 수백 곳을 훌쩍 넘었다. 나라 안 방방곡곡, 큰 길목부터 작은 길목까지 사람들이 오가고 모여드는 곳에는 닷새마다 장이 섰다. 강가와 바닷가의 포구들도 부지런히 드나드는 고깃배와 장삿배, 상인들과 짐꾼들로 붐볐다.

　잘 차려입은 상인 한 사람이 싱싱한 어물과 생선이 있는지 살피면서 지나갔다. 쇠돌이가 옆 사람에게 물었다.

　"저 사람도 장사꾼인가요?"

"장사꾼은 맞지만 우리 같은 떠돌이 장돌뱅이하고는 달라. 저 사람은 원래 한강 나루에서 장사를 하는 사람(강상)인데, 커다란 배를 여러 척 가지고 있거든. 엄청나게 많은 물건을 사서 배에 싣고 멀리 나가 비싸게 팔지. 웬만한 양반보다 부자라고 하던걸."

지게꾼 몇 사람이 옷감과 갓을 가득 진 채 부지런히 가고, 상인 하나가 그 뒤를 따라갔다.

"잘 봐 두게. 저 사람은 송방에서 일하는 상인이야."

"송방이 뭔데요?"

"개성상인(송상)이 낸 상점이 송방이야. 어찌나 장사를 잘하는지 충청도와 경상도는 물론 전라도까지 전국에 지점을 두고 있을 정도야. 저렇게 지점을 통해서 여기 물건을 싹 사들여서 다른 곳으로 가져가고, 멀리서 가져온 인삼 같은 물건을 팔아서 아주 큰돈을 벌지."

"와~ 대단하네요. 배를 가지고 하는 장사는 강상이 주름잡고, 땅에서 하는 장사는 송상이 주름잡는 거네요."

"청나라 물건을 파는 의주 상인(만상), 일본 물건을 파는 동래 상인(내상)도 조선 8도를 주름잡지. 한성에서는 값비싼 중국 비단과 보석 같은 외국 물건도 잘 팔린다는군."

물건 값 흥정하는 소리로 떠들썩한 장터 한쪽에서는 오랜만에 만난 친구나 친척이 함께 국수와 국밥을 먹으며 이야기를 나누었다. 장터는 주변 고을의 온갖 소문이 모이는 곳이기도 했다. 농사지을 땅을 잃고 살길이 막막한 사람들은 장터에 모여들어 지게로 물건을 날라 주면서 먹고살았다.

오후가 되자 줄타기 재주꾼이 널찍한 공터에 줄을 매고 재주를 벌였다.

"와, 어쩌면 저렇게 재주가 좋지?"

"어이구, 공중으로 두어 길은 뛰어오르네. 꼭 새가 나는 것 같아."

아슬아슬한 줄타기가 끝나자, 한바탕 탈춤 판이 벌어졌.

부유한 상인들은 손님을 끌기 위해 재주꾼을 불러서 공연을 열기도 했다. 장에 온 사람들은 물건도 사고, 소식도 듣고, 재주도 보고 한바탕 즐겼다. 해가 뉘엿뉘엿 저물어 가자 보부상 일행은 짐을 꾸려 다음 날 장이 서는 곳으로 떠났다. 해가 저물면 허름한 주막으로 들어가 허기진 배를 채우고 좁디좁은 봉놋방(여러 나그네가 한데 모여 자는 주막집의 방)에 여럿이 모로 누워 잠을 청했다.

장터를 돌아다니는 장돌뱅이들 덕분에 새로운 길이 자꾸만 생겨났다. 조령과 죽령을 잇는 길, 충청도 청주에서 경상도 상주로 가는 고갯길, 충청도 괴산에서 경상도로 넘어가는 이화령 길, 함경도의 삼방 길 등이 생겼다. 가다가 힘이 들면 노래를 부르며 걸어갔다.

> 짚신에 감발 치고 패랭이 쓰고, 꽁무니에 짚신 차고 이고 지고
> 이 장 저 장 뛰어가서, 장돌뱅이 동무들 만나 반기며
> 이 소식 저 소식 묻고 듣고, 목소리 높이 고래고래 지르며
> 비가 오나 눈이 오나 외쳐 가며, 돌도부 장사하고 해질 무렵
> 손잡고 인사하고 돌아서네, 다음 날 저 장에서 다시 보세.

조선 최고의 부자, 역관 변승업

장터에서 사람들이 모여 수군거렸다.

"옻칠한 관은 왕실에서만 쓸 수 있는데, 감히 양반도 아닌 중인 신분의 역관이 쓰다니, 잘못하면 목이 달아나겠군."

"임금님께서도 크게 화를 내셨다는데?"

"그 역관이 벌을 안 받으려고 조정 대신들에게 10만 냥이 넘는 돈을 썼다는군."

"그 사람이 대체 누구라고 하던가?"

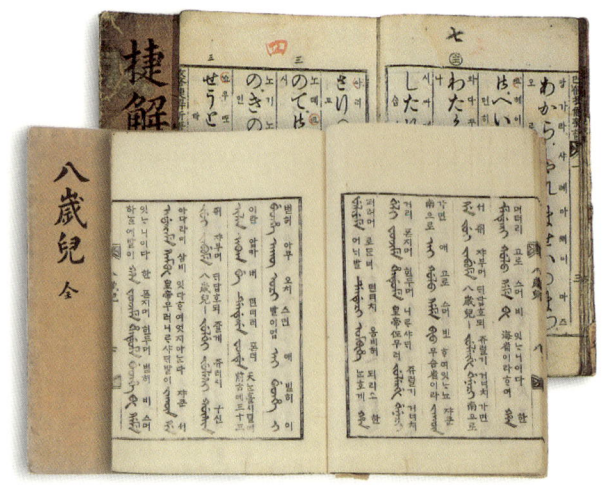

중인의 외국어 교재
《첩해신어》(위쪽)는 강우성이 간행한 일본어 교재이고,
《팔세아》(아래쪽)는 신계암이 편찬한 만주어 학습서이다.

"소문에는 일본 말 잘하기로 유명한 변승업이라고 하더군."

"역시 변승업이군."

조선에서 제일가는 부자 변승업은 사역원이라는 관청에서 일하는 역관이었다.

청나라 말, 일본 말을 통역하는 역관들은 두 나라로 가는 사신 행렬을 따라다녔다. 역관은 막부를 만나고, 황제를 만날 때 사신 못지않은 중요한 역할을 했다. 양반 관리들이 외국어를 거의 하지 못했기 때문에 경험 많고 똑똑한 역관들이 앞장서서 외교 문제를 처리할 때도 많았다.

이처럼 역관들은 비록 양반보다 낮은 중인 신분이었지만 외국을 드나들며 탁 트인 넓은 세계를 누구보다 빨리 만날 수 있었다. 우물 안 개구리 같던 조선의 양반 관리들도 역관들이 가져온 외국 문물과 책을 통해 달라지고 있는 세상을 조금씩 접할 수 있었다.

변승업 집안은 이름난 역관 집안이었다. 특히 변승업은 수십 년 동안 일본을 드나들며 통신사를 도와 크게 활약했다.

"변승업 재산이 은으로 치면 50만 냥이 넘는다는군."

"한양 도성에서 장사하는 사람치고 변승업에게 돈 빌리지 않은 사람이 없을 정도래."

"변승업이 돈을 거둬들이면 한성의 쌀값이 뛰어오른다는군."

누군가가 고개를 갸웃거렸다.

"일본어 통역관이 대체 그 많은 재산을 어떻게 모았을까?"

"그것도 몰라? 통신사를 따라서 외국에 갈 때 인삼 같은 물건을 가져가서 비싸게 판대요. 청나라와 일본의 부자들이 조선의 인삼이라면 사족을 못 쓴다네."

"인삼 판 돈으로 고급 물건이나 책, 귀한 약재 같은 것을 잔뜩 사 가지고 돌아와서 부자들에게 예닐곱 배쯤 비싸게 판대요."

대대로 유명한 역관이 많았던 변승업 집안은 이렇게 재산을 늘려 나갔다. 청나라가 일본과는 직접 무역을 하지 않았기 때문에 일본 사람들은 오직 조선을 통해서만 청나라 물건을 구경할 수 있었다. 변승업은 중국 물건과 조선 물건을 가지고 일본에 드나들면서 양반들조차 상상할 수 없을 만큼 큰돈을 벌었다.

사람들의 이야기를 듣고 있던 노인이 담뱃대를 툭툭 털며 일어났다.

"역관들이 청나라와 일본에서 들여오는 것은 한결같이 부잣집 사람들이 사치하는 데 쓰는 물건이니, 백성들에게는 쓸모가 없어. 하지만 부자들이 물건 값으로 치르는 돈은 그들의 땅을 빌린 농부들이 낸 소작료, 피와 땀에서 나오는 거란 말이지."

문화재를 찾아서

보통 사람들의 소망을 담은 그림, 민화

매화나 난초, 국화나 대나무 그림은 '사군자'라 하여 조선 시대 선비의 고매한 인품을 상징한다고 한다. 선비들은 학문을 익히며 먹과 붓으로 흰 종이에 사군자를 그렸다. 그렇다면 보통 사람들의 소박한 꿈, 건강하고 부유하고 행복하게 살고 싶은 꿈을 상징하면서 그 간절한 마음을 담은 그림은 없었을까? 여염집 병풍과 족자 속의 그림, 벽을 장식하는 그림 속에 그런 꿈이 담겨 있었다.

책거리 병풍
조선 시대에는 책이 아주 귀하고 비쌌다. 이 병풍을 보면서 수백 수천 권의 책이 빼곡한 서재의 주인이 되어 높은 벼슬과 귀한 자리에 오르고 싶은 꿈을 꾸지 않았을까.

〈까치와 호랑이〉
까치는 좋은 소식을 전해 주는 동물이고, 호랑이는 잡귀를 막아 주는 신령스러운 동물이라고 해서 함께 그렸다고 한다.

〈십장생도〉
건강하게 오래 살고 싶은 마음을 담은 그림이다. 거북·소나무·달·해·사슴·학·돌·물·구름·불로초를 멋들어지게 그리기도 하고, 색실로 정성스럽게 수를 놓기도 했다.

 보통 사람들의 그림, 민화에는 서민들의 삶과 신앙, 멋이 깃들어 있었다. 그림을 제대로 배운 적이 없는 사람들과 이름 없는 떠돌이 화가들이 주로 그렸지만, 사람들은 민화가 나쁜 귀신을 몰아내고 복을 불러들이는 힘이 있다고 믿어 부적처럼 쓰기도 했다.
 민화의 소재도 매우 다양했다. 호랑이·까치·물고기·사슴·학·거북 등 동물도 있었고, 소나무·불로초·연꽃 등 식물도 있었다.
 많은 사람이 가까이했던 살아 있는 조선의 그림, 민화에는 서민들의 마음이 고스란히 담겨 있었다.

문자도 '제'
형제와 이웃을 사랑하는 마음을 담아 그렸다. 가장 정다운 접동새와 집비둘기를 함께 그렸다.

1730년
1725년 영조, 탕평책 실시
1742년 탕평비 세움

1750년
1750년 균역청 설치, 균역법 실시
1769년 유형원, 《반계수록》 지음

2 탕평의 시대

1770년
1776년 규장각 설치
1778년 박제가, 《북학의》 지음
1786년 서학 금지

1790년
1791년 금난전권 폐지
1792년 정약용, 거중기 발명
1796년 수원 화성 완성

왕도 탕탕
왕도 평평

탕평비를 세우다

조선 최고의 학교 성균관. 성균관은 한성부에서 대궐 다음으로 컸다. 성균관을 둘러싸고 흐르는 물줄기를 가로지르는 반수교 위로 반짝이는 봄 햇살이 부서졌다. 외출했던 학생들이 반수교를 건너 성균관으로 돌아가고 있었다. 학생들의 눈에 커다란 비석이 들어왔다. 빛나는 검은 몸돌에 흰 화강석을 얹은 비석은 세자가 성균관에 입학한 것을 기념하면서 영조 임금이 친히 내린 글을 새겨 만든 탕평비였다.

탕평비
영조가 탕평책을 널리 알리고자 성균관 앞에 세운 비이다.
학생들에게 당쟁에 휘말리지 말도록 부탁하는 내용이 새겨져 있다.

> 남과 두루 친하되 편당을 짓지 않는 것은 군자의 공성한 마음이고, 편당만 짓고 남과 두루 친하지 못한 것은 소인배의 사사로운 마음이다.

"장차 조선을 이끌어 갈 성균관 학생들은 붕당으로 나뉘어 싸우지 않았으면 하는 전하의 간절한 마음이 느껴지는 것 같지 않은가?"

옆 사람이 고개를 끄덕였다.

"전하께서 이 나라를 다스리신 18년 동안 붕당들의 싸움이 많이 수그러들었지. 그동안 애써 펼쳐 오신 탕평책이 앞으로도 계속되길 바라시는 마음이 담겨 있을 걸세."

"왕이 되시기 전부터 붕당 싸움 때문에 많은 고통을 겪으셨지. 오죽하면 탕평채 같은 음식을 만들어 함께 먹도록 하셨겠나."

"탕평책을 말씀하시는 자리에 청포묵과 여러 가지 채소와 고기를 섞은 음식을 내오도록 하시고 '탕평채'라는 이름을 붙이셨다고 들었네."

탕평비를 세운 영조는 왕이 되기 전 이름이 연잉군이었다. 그는 숙종의 아들이면서 경종의 동생이었고, 궁궐에서 허드렛일을 하던 무수리 최씨의 아들이었다. 숙종 때 여러 번 환국(하루아침에 조정을 이끄는 붕당을 바꾸는 일)을 거치며 사이가 나빠진 붕당들은 왕위를 누가 이을 것인지를 두고 날카롭게 맞섰다. 자기들에게 조금이라도 가까운 왕자를 지지하면서 다퉜다. 서인에서 갈라져 나온 소론들은 세자 편을 들었다. 장희빈의 아들인 세자를 미워했던 노론들은 총명한 연잉군을 눈여겨보았다.

경종이 왕위에 오르고, 연잉군이 왕세제가 되자 이번에는 소론들이 호시탐탐 연잉군을 해치려고 했다. 살얼음판을 걷듯이 숨죽이던 연잉군은 급기야 역모 사건에까지 휘말렸다. 경종이 갑자기 세상을 떠나자 대궐 안팎의 사람들이 수군거렸다.

"연잉군과 노론이 전하를 해친 게 틀림없어!"

"함께 먹으면 독이 되는 생감과 게장을 드렸다고 하잖아."

무성한 소문을 뒤로하고 왕이 된 영조의 마음은 괴롭기만 했다.

영조
조선의 21대 왕으로 탕평책을 시행해 붕당의 대립을 완화시켰고, 균역법을 시행하는 등 백성을 위한 정치를 하려고 애썼다.

괴소문에서 벗어나기 위해서라도 제대로 된 왕 노릇을 해야겠다고 마음먹었다.

'붕당들의 싸움을 뜯어말려야 한다. 싸움이 심해질수록 왕의 위엄은 땅에 떨어지고, 애꿎은 인재들만 죽어 나갈 뿐이야. 백성을 위해 해야 할 일이 산더미 같은데 대신들끼리 편을 갈라 싸울 여유가 없다.'

영조는 조정 대신들이 모인 자리에서 말했다.

"옛말에 이르기를, 국왕은 어느 편에도, 어느 당에도 기울지 않아야 나라를 평화롭게 다스릴 수 있다고 했소. 이것을 두고 왕도 탕탕, 왕도 평평, 즉 탕평이라고 하오. 나는 노론과 소론 가리지 않고 인재를 골고루 선발해 쓸 것이오."

오랫동안 붕당에 속해 온 신하들을 이끌고 탕평책을 펼치기란 정말 어려웠다. 그래도 영조는 흔들리지 않았다. 탕평에 찬성하는 사람들을 중요한 관직에 앉히고 여러 붕당에 골고루 힘을 나눠 주었다.

지방 선비들을 붕당으로 묶는 역할을 하던 서원의 수도 크게 줄였다. 서원은 처음 세워질 때의 좋은 뜻과 달리 점점 좋지 않은 모습을 보이고 있었다.

"백성들에게 좋은 영향을 주기는커녕 서원들끼리 편 가르기를 하고, 주변 백성들에게 피해를 주고 있으니, 더는 두고 볼 수 없소!"

어사 박문수

'사람들이 군포를 너무 부담스러워 해서 큰일인데, 어떻게 하면 좋을까?'
　어영대장 박문수는 고민이 많았다. 임진왜란을 겪은 뒤 나라에서는 직업 군인을 뽑아서 5군영을 두고 한성부와 국경을 지키도록 했다. 남자들은 직접 군대에 가는 대신 군포(옷감)를 냈다. 나라에서는 군포를 받아 군인에게 보수를 주고 무기를 만들었다. 당시 옷감은 화폐 역할을 했기 때문이다.
　영조는 세금 걷는 나랏일과 군사에 관한 일에 유난히 밝은 데다 붕당을

가리지 않고 사람을 사귀는 박문수를 아끼고 믿었다. 성품이 곧고 강직한 박문수에게 암행어사의 임무를 여러 차례 맡기기도 했다.

"그대는 나의 눈과 귀를 대신해 백성들의 억울함과 어려움을 살펴서 힘껏 풀어 주고, 못된 수령들을 찾아내 엄하게 벌을 내려 주시오."

암행어사가 되면 그 누구도 만나지 않고 숭례문 밖으로 나가서 왕이 내린 봉서를 열어 보고, 봉서에 적힌 곳으로 곧장 떠나야 했다. 나라 곳곳을 몰래 다니면서 백성들의 삶을 살피는 암행어사 역할은 위험하고도 고생스러웠다. 초라한 차림으로 먼 거리를 다니다 보니 병에 걸리기도 하고, 봉변을 당하기 일쑤였다. 끼니를 굶을 때도 많았다.

'육모 방망이를 든 포졸들을 앞세워 벼락같이 암행어사 출두야~를 외쳤을 때는 정말 가슴 뿌듯했지.'

박문수가 경상도에 암행어사로 갔을 때는 백성들의 피땀을 쥐어짜고 세금을 가로챈 수령을 옥에 가두고 재판을 열어 억울한 사연을 풀어 주었다. 한성으로 돌아오는 길에 어떤 고을을 지나다가 효자와 열녀 이야기를 듣고는 상을 내려 달라고 임금에게 청을 올리기도 했다.

충청도에 갔을 때는 흉년에 굶주리는 백성들의 비참한 모습 때문에 날마다 눈물을 흘렸다. 어떻게든 곡식을 구해서 관청 뜰에서 죽이라도 쑤어 나눠 먹이려고 할 수 있는 일은 다했다.

박문수는 큰 흉년이 들어 어려움에 빠진 함길도에 진휼사로 갔다. 경상도의 곡식 1만 섬을 함경도로 실어 날라 굶주린 백성들을 구하는 임무를 맡았다. 나라의 제일 남쪽 경상도에서 북쪽 끝인 함길도까지 곡식 1만 섬을 실어 나르는 일은 수많은 백성과 관리, 군사를 총동원하는 합동 작전 같았다.

"오죽하면 경상도 곡식을 함길도로 가져가겠나. 우리도 힘이 들지만 함께 도와야지."

"암암, 그렇고말고. 함길도가 튼튼해야 외적의 침입도 잘 막아 내지."

몇 년 뒤 호조 판서가 된 박문수는 기회가 있을 때마다 백성들의 군역 부담을 줄여 줄 것을 청했다.

"가난한 농민 장정 한 사람이 군포로 1년에 옷감을 두 필씩이나 내는 일은 목숨을 갉아먹는 것과 같습니다."

백성들에게 군역의 부담이 가장 큰 문제라고 여겼기 때문이다.

균역법을 시행하다

조선이 세워진 직후에는 열여섯 살이 넘은 조선 남자라면 양반과 농민을 가리지 않고 돌아가며 군역을 져야 했다. 하지만 시간이 흐르면서 양반들은 온갖 이유를 들어 빠져나갔다. 양반이 아니어도 재산을 넉넉하게 모은 사람들은 어떻게든 피해 나갔다.

군역을 지기 싫어서 나라에 곡식을 바치고 명예 관직을 얻어 양반 행세를 하는 사람도 점점 늘어났다. 사정이 이렇다 보니 군역은 오롯이 가난한 사람들의 몫이 되고 말았다.

군포 부담은 엄청난 것이었다. 장정 한 사람이 1년에 베 2필을 내야 했는데, 한 집에서 할아버지와 아버지, 아들까지 한꺼번에 군포를 내게 되면 먹고살기도 힘들었다. 어떤 곳에서는 한 사람이 3필을 내기도 했고 1년에 여러 번 거둬 가기도 했다. 포악한 수령이나 향리들도 백성들을 쥐어짰다. 군포를 내야 할 사람이 도망을 치면 이웃에게 대신 내게 하고, 심지어 엄마 젖을 먹는 어린 아기도 장정으로 쳤으며, 이미 죽어 무덤에 들어간 사람들의 군포까지 거둬 가는 지경이었다.

영조도 군역 부담을 줄여야 한다고 생각했다.

"가난한 백성들의 부담을 줄여 주는 대신 양반들도 군포를 내게 하면 어떻겠습니까?"

박문수의 의견에 당장 반대하는 목소리가 터져 나왔다.

"절대로 안 됩니다. 양반과 백성이 똑같이 군포를 부담하면 백성들이 양반을 얼마나 업신여기겠습니까?"

결국 왕이 나서서 한성부 백성들의 의견을 직접 듣기로 했다. 영조는 창경궁 홍화문 밖으로 직접 나와서 군포 부담을 어떻게 줄이면 좋을지에 대해 물었다.

"내가 왕이 되어서 백성들을 제대로 살리지 못하면 죽은 다음에 어떻게 선대왕들을 뵐 수가 있겠느냐? 자, 지금부터 마음속에 품고 있는 생각을 모두 말하도록 하라."

50여 명이 넘는 군사와 한성부 백성이 아뢰었다.

"양반들도 군포를 낼 수 있도록 해야 하옵니다."

두 달 뒤 영조는 드디어 중대한 왕명을 내렸다.

"장정 한 사람의 군포를 1년에 2필에서 1필로 줄이도록 하라. 균역청을 두어 이를 관리하도록 하라."

균역법이 시행된 것이다. 균역법으로 농민의 군포 부담은 절반으로 줄었지만, 양반들이 군포를 내는 일은 결국 이뤄지지 못했다. 대신 줄어든 나라의 수입은 땅을 많이 가진 사람들에게서 세금을 더 거두고, 그동안 군포를 내지 않은 사람을 찾아내 채우도록 했다. 왕실의 살림살이도 더욱 알뜰하게 하고 사치를 금했다.

활기찬 한강 나루 풍경

"저기 곡식을 가득 실은 배가 들어오고 있네."

"농민들의 땀이 어린 저 곡식으로 한성부 사람들이 살고, 이 나라가 사는 것이 아니겠나."

푸른 물이 넘실대는 한강은 한성부를 휘감아 동쪽에서 서쪽으로 흘렀는데 그 물길을 따라 광진, 삼전도, 두모포, 한강진, 노량진, 용산, 마포, 서강 양화진 같은 나루터가 있었다. 이들 나루터는 전국에서 물건을 실은 배가 모여드는 곳이고, 사람들이 강을 건너기 위해 배를 타는 곳이며, 물건 값을 흥정하며 사고파느라 정신없는 장터이기도 했다.

전라도와 충청도의 포구에서 서해안을 따라 올라온 거의 모든 장삿배가 거쳐 가는 한강 나루터는 소금과 생선 같은 갖가지 어물들이 모여들었다가 다시 팔려 나가는 곳으로 이름을 날렸다.

나라 안 곳곳에서 거둔 대동미(대동법에 따라 공납으로 거둔 쌀)를 실은 배들도 강물을 따라 용산 포구로 모여들었다. 공인이라 불리는 상인들이 대동미를 가지고 여러 관청에서 쓸 종이, 대궐에서 쓸 옷감과 그릇들, 수공업 제품 등 나라에 필요한 수백 가지 물건을 사서 한성부로 가져왔다.

공인들이 사들이는 물건의 양은 엄청났다. 덕분에 더 많은 사람이 더 많은 물건을 사고팔아 상업이 발달하고 나라 안 방방곡곡에서 상평통보가 더 활발히 쓰이게 되었다. 물건을 만드는 기술자들도 더 큰 돈을 벌 수 있었다.

"한강 포구에는 제값만 주면 온갖 물건이 다리가 없는데도 모두 다 몰려온다네."

"하하, 그렇고말고. 동서남북, 조선에서 나는 모든 물건이 이곳으로 모였다가 다시 8도로 팔려 나가지."

"서울 사는 사람은 돈으로 먹고살고, 8도 사는 사람은 곡식으로 먹고산다는 말도 있지 않나."

〈도성도〉
서울의 자연환경을 산수화처럼 그린 지도이다. 행정 구역, 도성의 크기, 도로 등 도성 안의 현상도 함께 읽을 수 있다.

남대문 밖 칠패와 애오개에는 일 년 열두 달 매일 열리는 큰 시장이 들어서고, 동대문 밖 사람들은 배추나 무, 미나리 같은 채소를 재배해 성안 사람들에게 팔았다. 인왕산 기슭에서는 살구나 복숭아, 앵두 등 과일나무를 길러 시장에 내다 팔았다.

땅을 잃고 농촌을 떠난 가난한 농부들도 먹고살기 위해 한성부로 모여들어 새로운 일감을 찾았다.

영조 때는 한성부 인구가 점점 늘어나 처음 조선을 세웠을 때의 두 배를 훌쩍 넘어섰다. 한성부는 이제 그 옛날의 모습이 아니었다. 어린아이가 엄마 품에 안기듯 한강에 둘러싸여 있던 한성부가 이제는 거꾸로 한강을 품에 안으며 빠르게 커지기 시작했다.

그런데 몰라보게 커진 한성부는 큰 병을 앓고 있었다. 가난한 사람들은 먹고살기 위해 여기저기에 논과 밭을 만들었다. 집을 짓거나 땔감으로 쓰려고 나무도 함부로 베었다. 집조차 지을 수 없는 사람들의 초라한 움막이 나날이 늘어났다. 산은 점점 벌거숭이가 되고, 비가 조금만 와도 도성 안을 흐르는 개천이 차올라 물난리가 나기 일쑤였다.

"이대로는 정말 안 되겠소. 홍수를 막을 수 있는 대책을 세워야 하지 않겠소?"

영조는 직접 한성부 주민들을 만나 하천 공사에 대한 의견을 물었다. 모두가 두 손을 들고 환영했다.

드디어 역사적인 대공사가 시작되었다(1760년). 한성부의 모든 물을 모으면서 유유히 흘러 한강과 만나는 작은 개천으로 수천, 수만 명의 사람들이 모여들었다. 57일 동안 개천의 바닥을 파내어 물길을 내고, 둑을 돌로

〈준천시사열무도〉
1760년 청계천 준설 공사를 기념한 행사 장면이다.
영조가 다리 위에서 행사를 지켜보고 있다.

쌓는 공사가 착착 진행되었다. 영조와 대신들, 일을 맡은 관청의 관리들이 오랫동안 머리를 맞대고 계획한 일인 만큼 어려운 공사가 순조롭게 진행되었다.

"이제는 비가 와도 홍수에 집 떠내려 갈 걱정은 덜하겠네."

"그러게 말일세. 여기저기 엉망으로 지어진 집들도 이제 개천 둑에 다시 지을 수 있을 거야."

"어디 그뿐인가? 개천 공사에 나가서 일을 하면 나라에서 품삯을 주니, 우리 같은 가난한 사람들이야 꿩 먹고 알 먹는 일이지."

훗날 영조는 자신이 이 나라를 위해 가장 잘한 일로 이때 벌인 준천 사업과 균역법을 꼽았다고 한다.

정선, 조선의 풍경을 그리다

비가 그치고 있었다. 창밖을 물끄러미 바라보던 정선은 시중 드는 아이를 시켜 그림 도구를 챙기게 하고는 집을 나섰다.

정선의 집은 한성의 북촌 순화방에 있었다. 북촌은 조선을 호령한다는 권세가들과 지위가 높은 대신들이 모여 사는 곳이었다. 정선의 집안도 이름 있는 사대부 집안이었지만, 붕당들이 맞서는 소용돌이 속에서 화를 입어 형편이 매우 어려웠다.

그림에 뛰어난 소질을 보이던 정선은 스무 살 무렵 도화서에 들어가 화공이 되었다. 그림으로 이름을 날리면서 영조의 사랑을 받았고, 벼슬도 점점 높아졌다. 그의 그림을 사랑하고 아끼는 벗도 많았다. 조선 최고의 시인과 학자, 화가가 그의 벗이었다.

정선은 인왕산으로 발걸음을 옮겼다. 도성을 병풍처럼 호위하고 있는 네 곳의 산이 있었으니, 남쪽의 목멱산(남산), 북쪽의 북악산, 동쪽의 낙산, 서쪽의 인왕산이었다. 한참을 걷다 보니 저 멀리 인왕산이 보이기 시작했다. 하얗게 안개가 피어오르는 봄날 인왕산의 모습이 마치 신선이 사는 세계 같았다.

나이가 많았지만 인왕산을 바라보는 정선의 눈매에는 젊은이 부럽지 않은 힘이 서려 있었다.

'평생을 바라봐 온 풍경이지만, 볼수록 깊은 정취가 느껴지는 인왕산이구나. 부드러운 듯하면서도 힘찬 인왕산의 느낌을 있는 그대로, 보이는 그대로 어떻게 화폭에 담을 수 있을까?'

정선은 인왕산의 멋진 모습을 가장 잘 볼 수 있는 화동 언덕에 도착했다. 오래전에 그렸던 〈금강전도〉가 떠올랐다.

'나는 아름다운 금강산을 종이에 담아 가져오고 싶었지. 그리고 중국의 산도, 일본의 산도 아닌 우리

〈금강전도〉
정선은 중국식 산수화에서 벗어나 실제 자연을 보고 그렸는데, 〈금강전도〉는 마치 하늘에서 내려다보는 듯하다. 내금강산의 특징을 잘 묘사해 조선 시대 금강산 그림의 걸작으로 꼽힌다.

조선의 산, 조선의 정취가 살아 숨쉬는 자연과 풍경을 담아 낸 그림을 그리는 것이 내 평생의 꿈이지.'

　인왕산은 그가 늘 찾던 정겨운 곳이었다. 정선은 흰 종이와 붓, 벼루와 먹을 꺼냈다. 비가 개고 있는 인왕산의 모습을 화폭에 담기 위해서였다. 아이가 벼루에 먹을 가는 소리를 들으면서 눈을 감고 인왕산을 마음에 그렸다.

　붓을 잡은 정선은 물이 흐르듯 그림을 그렸다. 때로는 힘차고 굵은 선으로, 때로는 새털처럼 가늘고 섬세한 선으로 인왕산을 그려 나갔다. 칠흑같이 짙은 먹빛으로 깊은 골짜기 그늘이 그려지고 서서히 걷히는 안개 뒤로 묵직한 바위산이 서서히 위용을

드러냈다. 가장 아름다운 조선의 산수화, 조선의 자연을 있는 그대로 그려 낸 멋진 그림 〈인왕제색도〉였다.

뒤주에 갇힌 왕자

사도 세자는 영조가 늦은 나이에 얻은 귀한 아들이었다. 영조는 세자에게 탕평 정치를 익히게 하려고 열다섯 살부터 나랏일을 돕도록 했다. 정치를 알아 가면서 세자는 조금씩 아버지 영조와는 다른 뜻을 품었다. 소론과 남인 등 힘이 약한 붕당 사람들과 가까이 지냈다.

이런 세자를 못마땅하게 여긴 노론들은 왕에게 세자에 대한 온갖 험담을 늘어놓았다. 아주 사소한 잘못을 큰일인 양 호들갑 떨며 고해바쳤고, 허무맹랑한 괴소문을 지어 퍼뜨리기도 했다.

〈인왕제색도〉
비 온 뒤 안개가 피어오르는 인상적인 순간을 포착해 그 느낌을 잘 표현했다. 정선이 남긴 400여 작품 가운데서도 뛰어난 작품으로 평가 받는다.

예순여섯 영조가 열다섯 살 새 중전인 정순 왕후와 혼인하면서 아버지와 아들 사이는 점점 더 멀어졌다. 세자보다 열 살이나 어렸지만 어머니 뻘인 중전도 세자를 미워해 궁지에 몰아넣었다. 영조는 아들을 못마땅하게 여겨 만날 때마다 꾸짖고 야단쳤다. 세자는 아버지 앞에서는 주눅이 들고 무서워서 문안 인사조차 드리지 못했다.

그러던 어느 날 세자는 아버지 몰래 평안도로 길을 떠났다가 여러 날이 지나서 돌아왔다. 이 일을 두고 어떤 사람은 머리를 식히러 간 여행이라고 했고, 어떤 사람은 군사를 모으기 위해 갔다고도 했다.

엎친 데 덮친 격으로 나경언이라는 자가 '세자가 역적모의를 했다.'며 영조에게 고자질을 해 바쳤다. 영조는 나경언의 말을 그대로 믿지 않았다. 하지만 사사건건 분란을 일으키는 세자를 그대로 두고 싶지도 않았다. 자신이 그동안 어렵게 쌓아 온 탕평을 세자가 허물지도 모른다고 생각했다.

"네가 감히 아비를 배신하다니, 당장 자결을 하라!"

"아바마마 아니옵니다. 절대로 아니옵니다. 살려 주소서."

세자는 온몸을 와들와들 떨며 엎드려 살려 달라고 애원했다. 하지만 냉정한 아버지 영조는 끝내 무서운 명령을 내리고 말았다.

"어서 뒤주 속으로 들어가라!"

"전하, 어찌 그런 명령을 내리십니까. 세자 저하를 그만 용서하소서."

몇몇 대신이 세자 편을 들었지만 그럴수록 영조의 화만 돋울 뿐이었다. 소식을 전해 들은 세자의 아들, 열두 살 난 세손이 한걸음에 달려왔다.

"할바마마, 아버지를 살려 주세요. 제발 아버지를…… 아버지를 살려 주세요. 흑흑~"

세손은 할아버지를 향해 울부짖었다.

"세손을 데려가라!"

호위하는 무사와 내시들이 억지로 세손을 데리고 나갔다. 울면서 용서를 구하며 애원하던 세자는 체념하고 뒤주 속으로 들어갔다. 영조는 손수 자물통을 채우고 뒤주를 동여맸다. 고통에 몸부림치던 세자는 8일 뒤 뒤주 속에서 숨을 거두었다.

세자가 숨을 거두었다는 소식을 들은 영조는 그 순간 후회의 눈물을 흘렸다.

"내 손으로 자식을 죽였구나. 오늘부터 불쌍하게 죽은 내 아들을 사도 세자라 부르겠다."

사도란 슬픔에 젖어 애타게 그리워한다는 뜻이었다.

영조는 52년 동안 왕위에 있으면서 탕평책을 펼쳐 나갔지만, 붕당들의 다툼 때문에 아들을 죽인 비정한 아버지가 되었다.

정조의 꿈, 화성에 깃들다

사도 세자의 아들, 정조의 즉위

세손이 할아버지 영조의 뒤를 이어 조선의 스물두 번째 왕, 정조가 되었다. 아버지 사도 세자가 뒤주에 갇혀 죽은 지 14년 만이었다. 그동안 세손의 자리에 있으면서 단 하루도 마음 편히 잠을 청하지 못했다.

 사도 세자를 죽음으로 몰아넣은 사람들은 드러내 놓고 세손을 미워하면서 해치려고 했다. 세손의 거처에 자객이 든 것만도 여러 차례이고 음식에 독을 섞어 죽이려고도 했다. 온갖 나쁜 일을 꾸미고 수없이 모함을 하면서 세손이 영조의 눈 밖에 나도록 만들려고도 했다. 그러나 영조는 세손만큼은 끝까지 믿고 지켜 주었다.

 즉위식을 마친 정조는 만조백관을 내려다보며 큰 소리로 말했다.

 "짐은 사도 세자의 아들이다. 그리고 짐은 선대왕의 뜻을 그대로 이어받아 이 나라를 다스리겠다."

 정조는 할아버지 영조의 탕평책을 이어받겠다고 만천하에 밝혔다.

사도 세자의 억울한 죽음을 결코 잊지 않겠지만, 모든 사람이 편안하게 살 수 있는 나라를 만들기 위해서 자신의 편을 드는 붕당과 그렇지 않은 붕당 모두를 공평하게 대하겠다는 뜻이었다. 탕평책을 이어받으려면 자기를 미워하는 사람들을 끌어안아야 했고 아버지의 억울한 죽음에 대한 복수도 깊이 묻어 두어야 했다.

얼마 뒤 정조는 신하들에게 의리의 탕평책으로 나라를 이끌겠다는 포부를 밝혔다.

"나는 여러 붕당에게 관직과 힘을 공평하게 나눠 줄 것이오. 그리고 붕당들이 제각각 옳다고 주장하는 바가 다를지라도 어느 한쪽 편을 들지 않고 모든 의견을 존중하겠소."

왕이 이어서 말했다.

"나라를 위한 의견을 말했다가 억울하게 쫓겨난 붕당과 억울하게 벌 받고 죽은 사람들의 명예도 되찾아 주고 그들의 자손도 정치에 참여할 수 있도록 해야 진정한 탕평이 아니겠소? 의리란 바로 이런 것이오."

정조는 노론과 소론, 남인을 가리지 않고 인재를 등용하려고 애썼다. 젊고 능력이 있다면 서얼도 차별받지 않고 벼슬에 나갈 수 있도록 나랏법을 바꾸려고 노력했다.

조선이 열린 뒤로 400년 동안 서얼은 아버지가 양반이어도 어머니가 정실부인이 아니라는 이유 하나만으로 대과도 볼 수 없었고, 높은 벼슬은 꿈조차 꿀 수 없었다. 서얼을 천하게 여기는 사람들의 생각이 하루아침에 바뀔 수는 없겠지만, 그들이 가슴에 품은 꿈을 펼칠 수 있는 세상이 조금씩 열리기 시작했던 것이다.

규장각과 장용영

정조는 규장각으로 발걸음을 옮겼다.

'역시 왕의 힘이 강해야 내가 펼치려는 탕평 정치를 제대로 할 수 있을 거야. 그러려면 가장 가까이에서 나에게 충성을 바치며 나의 뜻에 따라 일할 사람들, 즉 내가 믿을 수 있는 사람들이 있어야 한다.'

세자 시절 정조는 규장각을 정비해서 큰 역할을 맡기려고 마음먹었다. 왕이 된 후 나라 안팎의 온갖 책을 모아 최고의 도서관이자 학술 연구 기관으로 만들고 자신을 도울 인재를 뽑아 규장각에서 일하게 할 참이었다.

'세종 대왕께서 집현전을 두고 인재를 기르셨듯이 나는 규장각에서 인재를 길러 좋은 정치를 할 것이다.'

규장각이 있는 건물의 이름은 주합루로 창덕궁 후원의 가장 아름다운 곳에 있었다. '주합'은 천지를 담는 주머니라는 뜻인데 하늘부터 땅까지 동서남북 사방을 품에 안아 웅대한 뜻을 펼치고 싶다는 정조의 마음이 서려 있는 듯했다.

정조는 규장각에서 일할 첫 검서관으로 이덕무, 유득공, 박제가, 서이수를 뽑았다. 4검서라 불리는 이들은 모두 학문에 빼어난 서얼 출신이었다. 또한 붕당과 가문을 가리지 않고 젊은 관료 가운데 인재를 뽑아 규장각에서 특별 대우를 받으며 공부하도록 했다. 규장각의 각신(규장각의 관원)들은 정조의 탕평 정치에 힘을 실어 주고 개혁 정치를 도왔다.

정조는 누구보다 열심히 공부하는 학자 군주였다. 이미 어린 시절부터 계획을 세워 두고 책을 읽는 습관이 있었는데, 아무리 밤이 깊었어도 촛불을 끌어당겨 가며 읽기로 작정한 곳까지는 반드시 읽었다고 한다.
 정조는 왕의 역할이 정치를 하는 데 그쳐서는 안 된다고 생각했다. 왕은 모든 신하와 백성을 바르게 이끌고 가르치는 스승이 되어야 한다고 생각했다.

〈규장각도〉
김홍도가 그린 규장각 전경 중 일부이다.

"주상 전하의 깊고 넓은 학식은 그 누구도 따라갈 수가 없어요."

"역사·유학·예학·군사·천문 분야에서 이 나라 최고이시고, 의학까지 섭렵하셨으니 신하들의 공부하는 모습이 눈에 차지 않으신 거요."

조정 대신들은 물론이고 규장각의 신하, 즉 각신까지도 정조의 학식을 당할 수가 없었다.

"어제 경연 자리에서는 참석한 대신 모두가 주상 전하의 강의를 한참이나 듣고 나오지 않았는가."

"원래 경연은 학식이 풍부한 신하가 임금님의 공부를 돕고 토론하는 자리인데, 요즘은 완전히 거꾸로 가고 있네."

"똑똑한 이들에게 따로 책 읽기나 글쓰기 숙제를 내 주시고 직접 검사도 하시잖나."

"무예도 대단하시잖아. 활 솜씨는 아마 태조 대왕에 버금갈걸?"

정조는 검서관 이덕무와 박제가, 장용영 장교 백동수 등에게 새로운 무예서를 편찬하도록 했다. 이 책의 이름이 《무예도보통지》이다.

"여러 무예서를 살펴보고 새로운 내용을 덧붙여 사용하기에 편리한 책으로 만드시오. 전투 동작 하나하나를 그림으로 그리고 글로 해설해 넣으시오. 누구든지 그림을 보면서 무예를 외우고 그 기술을 익힐 수 있어야 할 것이오."

붕당의 싸움에 휘둘리지 않는 정치를 하려면 왕을 뒷받침해 줄 든든한 군대가 있어야 한다는 생각에서 장용영이라는 새로운 군대도 만들었다. 정조는 출중한 군사들을 가려 뽑아 직접 훈련시키고 다듬어서 훌륭한 정예 부대로 길렀다.

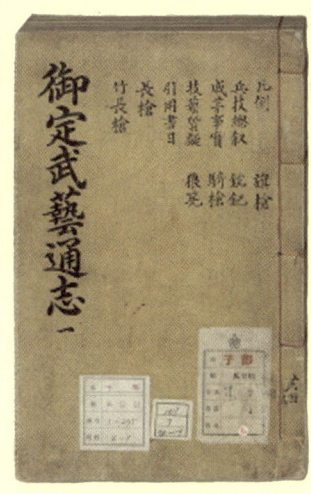 

《무예도보통지》
1790년 정조의 명으로 편찬한 훈련용 무예서이다. 24가지 전투 기술을 그림으로 쉽게 설명한 군사 훈련 교본으로 규장각에서 만들었다.

백성들의 목소리를 직접 듣다

생강 밭을 일구고 있던 농부가 갑자기 생각났다는 듯이 말했다.

"며칠 뒤에 임금님께서 능행을 가시는데, 이 근처로 지나가신다는 소문이 있어."

앞쪽에서 열심히 땅을 고르던 농부가 홱 고개를 돌리더니 큰 소리로 말했다.

"그거 듣던 중 반가운 이야기로군. 이번엔 기회를 잘 봐서 반드시 징을 울리고 말 거야."

"하하, 징을 울렸다간 임금님을 뵙기도 전에 자네 엉덩이가 무사하지 못할 텐데? 임금님 가시는 길을 막았다고 곤장부터 수십 대 맞는 거 알고 하는 소린가?"

농부는 이번에는 고개도 들지 않고 냉큼 말을 받았다.

"내 억울한 사연을 나랏님이 풀어 주시는데, 그깟 엉덩이가 대수인가."

정조는 한 해에도 여러 차례 아버지 사도 세자의 묘가 있는 수원의 현륭원으로 능행 행차에 나섰다. 이때 억울한 일을 당한 백성들의 사연을 직접 들어주고 바로잡도록 했다. 점점 더 많은 사람이 왕의 행렬이 지나는 길목에서 기다리고 있다가 징이나 꽹과리를 울리고 억울한 사연을 고했다.

정조가 멀리서 들리는 징 소리를 듣고서 행렬을 멈추게 했다. 징을 울린 사람이 꿇어 엎드리자 정조가 물었다.

"그대는 무슨 말을 하고 싶어 징을 울린 것이냐?"

"저는 저 멀리 흑산도에서 올라온 김이수라고 합니다. 흑산도에 사는 백성들의 어려움을 전하께 말씀드리고자 천 리 길을 마다 않고 달려왔사옵니다."

　정조와 대신들이 깜짝 놀랐다. 흑산도라면 저 멀리 전라도 남쪽 바다에 떠 있는 절해고도가 아닌가. 김이수는 유학을 공부한 학자도 아니고 관리도 아니었다. 그저 잘못된 세금 때문에 섬 사람들이 참혹하게 살고 있다는 사실을 임금에게 알려야겠다는 마음 하나로 그 멀고 위험한 길을 달려왔다. 바람에 흔들리는 조각배에 몸을 싣고 망망대해를 건너 한성까지 한 가닥 희망을 품고 온 것이었다.

"흑산도에 사는 백성들은 종이를 만드는 데 쓰이는 닥나무를 세금으로 바치고 있습니다. 이 때문에 백성들이 큰 고통을 받고 있습니다. 고을 관아에도 여러 번 말씀을 올려 바로잡아 달라고 통사정을 했지만 상황은 점점 나빠질 뿐 고쳐질 기미가 보이지 않았사옵니다."

김이수의 초라한 행색을 바라보던 정조는 코끝이 찡해져 오는 것을 느꼈다.

"알겠다. 짐이 알아보고 잘못된 것이 있다면 분명히 바로잡도록 하겠다."

결국 정조는 김이수의 청을 받아들여 잘못된 세금을 고치도록 했다.

박필관이라는 평민도 징을 울렸다.

"전하, 재물을 주고 족보를 거짓으로 고치는 일, 소를 함부로 잡는 일, 생소나무를 함부로 베는 일은 모두 국가에서 법으로 금지하는 일인데도 불구하고 아무렇지도 않게 이뤄지고 있습니다. 지방 토호들이 땅과 노비를 너무 많이 갖게 되면 다른 백성들이 살기 힘들어집니다. 한 집안에서 노비는 30명, 토지는 30결만 갖도록 하면 어떻겠습니까? 군포도 너무 많사옵니다……."

이 소식을 전해 들은 형조가 발칵 뒤집혔다. 형조 관리들은 박필관을 벌주어야 한다고 들고일어났다.

"감히 일개 평민 주제에 노비, 토지, 군포 같은 국가의 중대사를 가지고 이래라저래라 하다니……. 반드시 벌을 내려야 하옵니다."

하지만 정조의 생각은 달랐다.

"군포나 토지, 노비 문제야 하루아침에 고칠 수 없으므로 그냥 둔다고 해도 소나무 베는 일과 소를 죽이는 일, 족보의 위조와 관리의 부패는

마땅히 고쳐야 할 것이 아닌가. 그대로 엄하게 행하도록 하라."

세상이 분명히 달라지고 있었다. 박필관 같은 보통 사람도 나라 정책의 옳고 그름을 따지고 의견을 말할 수 있을 만큼, 세상을 보는 사람들의 눈이 트이고 생각이 넓어지고 있었던 것이다.

정조도 이를 잘 알고 있었다. 그래서 더더욱 모두가 넉넉하게 잘살 수 있는 방법을 찾으려고 노력했다.

정조의 고민은 갈수록 깊어졌다.

'이 나라의 가장 큰 병은 백성들의 살림살이가 고르지 못한 것이야.'

재산을 많이 모아 떵떵거리는 사람과 농사지어 먹을 손바닥만 한 땅뙈기 하나 없이 하루하루 목숨만 이어가는 백성들의 살림살이 차이가 너무 심한 것이 안타까웠다. 어렵고 비참하게 사는 사람들이 헤아릴 수 없이 많아서 정말 큰일이 아닐 수 없었다.

정조는 농업도 중요하지만 상업이 발달해야 나라가 발전할 수 있다고 생각했다. 좀 더 많은 사람이 자유롭게 상업 활동을 하도록 도와주어야 한다고 판단했다. 그래서 오랫동안 의논한 끝에 한성이나 큰 도시의 시전 상인들이 가진 특권을 대부분 없애도록 했다.

부패하고 파렴치한 수령들과 고을 향리들이 손잡고 터무니없는 세금을 거두며 농민을 쥐어짜는 일이 많아지는 것도 고민거리였다. 그래서 암행어사를 자주 보내 살피게 하고 탐관오리는 찾는 대로 그 즉시 쫓아냈다. 하지만 가난한 사람들의 배고픔을 달래고 어려움을 덜어 주는 데 그리 큰 도움이 되지는 못했다.

화성으로 행차하다

어느 이른 봄날, 새벽부터 한강변 노들 배다리 부근에 엄청난 인파가 몰려들고 있었다.

"와~ 저것 보게나. 저게 다리인가? 배다리?"

"장삿배 48척을 이어 붙여서 다리를 놓은 거라네. 저렇게 만드는데 열하루밖에 안 걸렸다네. 한강에 다리를 놓으려면 몇 년 동안 우리가 죽어났을 텐데 임금님 행차가 끝나고 나면 다시 장삿배로 쓰면 되니 얼마나 좋은 생각인가!"

"임금님께서 배다리를 생각해 내셨다는군."

"행차를 구경하는 사람들을 절대로 막지 말라는 명도 내리셨다네."

그 시간, 군복을 입고 말을 탄 정조는 어머니 혜경궁 홍씨를 모시고 창덕궁 돈화문을 출발해서 종루를 지나 배다리로 향했다. 행렬만 1779명,

　　행사를 치르느라 일한 사람들까지 합치면 6000명, 말이 779필이었다. 하늘을 가리는 오색 깃발 사이를 절도 있게 걸어가는 장용영 군사들의 모습은 장관이었다.
　　"아버지, 임금님께서 어디 가시는 거예요?"
　　"여기서 남쪽으로 하룻길을 가면 화성이 있단다. 작년부터 짓고 있는 아주 큰 성곽이지. 이제 곧 완성된다고 하더구나. 마침 임금님의 어머님께서 회갑을 맞으셔서 그곳에서 생일 잔치를 하신다는구나."
　　배다리를 건넌 행렬은 장승배기 고개를 넘어 신작로를 따라 수원으로 향했다. 정조 일행은 꼬박 63리를 걸어 화성 행궁에 도착했다. 다음 날부터 나흘 동안 여러 행사가 열렸다. 근처 유생과

《화성능행도》 중 〈노량주교도섭도〉
1795년 윤2월 16일 정조 일행의 화성 행차 마지막 날 노량진에서 배다리를 건너는 행렬의 모습을 그린 그림이다.

무사를 위한 과거 시험을 시행하고 사도 세자의 무덤인 현륭원을 참배했다. 왕이 지켜보는 가운데 밤과 낮 두 차례나 군사 훈련이 벌어졌다. 혜경궁 홍씨의 회갑 잔치를 하고, 화성에 사는 노인들 384명을 초대해 잔치를 베풀었다. 홀아비, 과부, 고아, 자식 없는 노인, 가난한 사람들에게 쌀과 소금을 나눠 주기도 했다.

정조는 꿈에 부풀었다.

'이제 새로운 시대를 열 준비가 되었구나. 이번 일을 지켜본 사람은 어느 누구도 감히 나를 얕볼 수 없을 것이다. 공평무사한 왕으로 붕당 다툼의 뿌리를 뽑고 모든 사람이 살기 좋은 나라를 만들 것이다.'

이듬해 화성 건설이 마무리되었다. 원래 10년 계획을 세웠지만 2년 7개월 만에 완성했다. 화성은 당대 과학 기술과 문화의 힘이 총동원되어

팔달문과 신풍루
팔달문(왼쪽)은 창룡문, 화서문, 장안문과 함께 화성 4대문의 하나로 남문이다. 반달 모양의 옹성으로 둘러싸여 있어, 적을 무찌르기에 용이했다. 신풍루(오른쪽)는 왕이 지방에 다닐 때 임시로 머물던 행궁 중 화성 행궁의 정문이다.

만들어졌다. 거중기를 이용하는 등 창조적인 방법을 찾으며 공사를 진행했던 정약용의 공이 컸다.

정조는 신도시 화성 백성들에게 세금을 면제해 주고 상인들에게 혜택을 주어 경제를 번창시킬 계획을 순조롭게 진행해 나갔다. 세손 시절부터 정조를 지켜 온 노재상 채제공이 굳건히 뒷받침했다.

정약용과 서학

화성 행차가 성공적으로 끝나고 두 달이 흐른 어느 날, 우의정 심환지가 목소리를 높였다.

"청나라의 천주교 사제 주문모가 우리 조선에 몰래 들어왔는데, 이는 천주교를 믿는 자들이 저지른 일임에 틀림없습니다. 조정 대신 중에 천주교를 믿는 자를 찾아내 무거운 벌로 다스려야 합니다. 특히 병조 참의 정약용은 이번 일을 알고 있으면서도 눈감아 주었으니 죄를 피하기 어려울 것입니다."

몇 년 전에도 천주교 문제로 크게 시끄러운 일이 있었다. 전라도 진산에 사는 윤지충이라는 양반이 돌아가신 어머니 장례를 천주교 의식에 따라 치르고 위패를 불태워 버린 것이다. 그의 친척이자 천주교도였던 권상연이 윤지충을 두둔하고 나섰다. 심환지는 이때에도 칼날을 세웠다.

"공자와 주자를 따르는 이 나라에서 어찌 어머니의 장례를 오랑캐 풍습에 따라 지낸단 말입니까? 이는 나라의 풍습을 어지럽히고 부모를 욕보인 것이므로 죽어 마땅합니다."

이 사건은 윤지충과 권상연을 사형에 처하고 백성 중에서 천주교도를 가려내 죽이는 것으로 끝났다.

정조가 정약용을 불러 물었다.

"그대는 정말 천주교를 믿는가?"

"절대로 아니옵니다. 저는 단지 서양의 과학과 의학, 천문과 지리 등 서학에 관심을 가지고 있을 뿐이옵니다. 천주교의 교리를 담은 책을 본 적은 있지만, 천주교도가 조상 제사를 지내지 않는다는 것을 안 다음 멀리했사옵니다."

정약용을 꼭 필요한 인물로 여기던 정조는 곤혹스러웠다. 뛰어난 학식과 능력으로 자신을 도와준 믿음직한 사람이었다. 화성 공사가 순조롭게 진행될 수 있었던 것도 서학을 연구해 서양식 성 쌓는 법과 거중기를 도입한 정약용의 힘이었다. 그러나 정약용의 스승 이가환, 친구 이승훈, 형 정약전과 정약종이 모두 천주교와 깊이 연관되어 있었기 때문에 그냥 넘어갈 수도 없었다. 고민하던 정조는 정약용의 벼슬을 낮춰서 충청도 금장으로 쫓아내 찰방(조선 시대에 각 도의 역참에서 일하던 낮은 벼슬)으로 일하게 했다.

천주교는 원래 서양에 대한 학문, 즉 서학으로 중국을 통해 조선에 소개되었다.

정약용
조선 후기 실학을 집대성한 학자. 정조 때 서학을 공부했다는 이유로 오랫동안 유배 생활을 했으며, 이 기간 동안 《목민심서》, 《경세유표》 등을 집필했다.

처음에는 학자들이 유학과는 다른 학문, 유학의 부족함을 채울 수 있는 학문으로 천주교를 연구했는데, 점차 신앙으로 받아들이는 사람들이 생겼다. 영조 때만 해도 천주교를 믿는 사람이 별로 없었기 때문에 큰 문제가 되지 않았는데, 정조 때에 접어들면서 엄청난 속도로 천주교인이 늘어났다.

《주교요지》
정약용의 형 정약종이 지은 천주교 교리 해설서이다. 정약종은 유학의 한계를 극복하는 데 천주교가 도움이 될 수 있다고 생각했다.

노론들은 서양 문화가 침입해 조선의 아름다운 풍속을 해치고 있으니 모두 잡아들여야 한다고 주장했다. 정조가 가까이하던 남인 학자들은 천주교를 감싸 주었다.

"천주교는 비록 서양 종교이지만, 우리에게 도움이 될 만한 문물이 포함되어 있습니다. 우리가 쓰는 총포도 서양에서 들어오지 않습니까?"

정조는 유학에 따라 나라를 잘 다스리면 천주교를 믿는 사람은 자연히 없어질 것이라면서 모두 같은 백성이니 너무 핍박하지 않았으면 좋겠다고 말했다. 하지만 노론들은 천주교 문제를 구실 삼아 남인들을 몰아내려고 벼르고 있었다.

정약용이 쫓겨난 지 3년의 세월이 흘렀다. 정조는 그를 병조 참지로 삼아 다시 불러들였다. 그러나 다시 만난 정약용과 정조의 인연은 그리 오래가지 못했다. 정조가 갑자기 세상을 떠났기 때문이다.

조선 문화의 꽃이 활짝 피어나다

박지원, 청나라에 가다

"형님, 저를 데려가 주십시오. 벼슬자리도 하나 없는 저이니, 무슨 일이든 시키시는 대로 하겠습니다."

박지원은 청나라 황제 건륭제의 칠순 축하 사절로 가게 된 8촌 형 박명원에게 간곡히 부탁했다.

연암 박지원. 그는 활기 넘치고 풍요로운 한성에서 노론 양반의 자제로 태어났지만 두 살 때 부모를 여의고 열여섯 살이 될 때까지 제대로 된 공부를 하지 못했다. 장가를 들고 나서야 장인에게 글을 배울 수 있었는데, 워낙 총명하고 글재주를 타고난 데다 끊임없는 노력까지 더해 오래지 않아 훌륭한 학자로 이름이 났다.

높은 벼슬자리에 오르지는 않았지만 내로라하는 젊은 인재들이 모여들어 그에게서 학문을 배웠다. 정조의 사랑을 받은 박제가, 이덕무, 유득공, 김조순 등도 그의 제자였다.

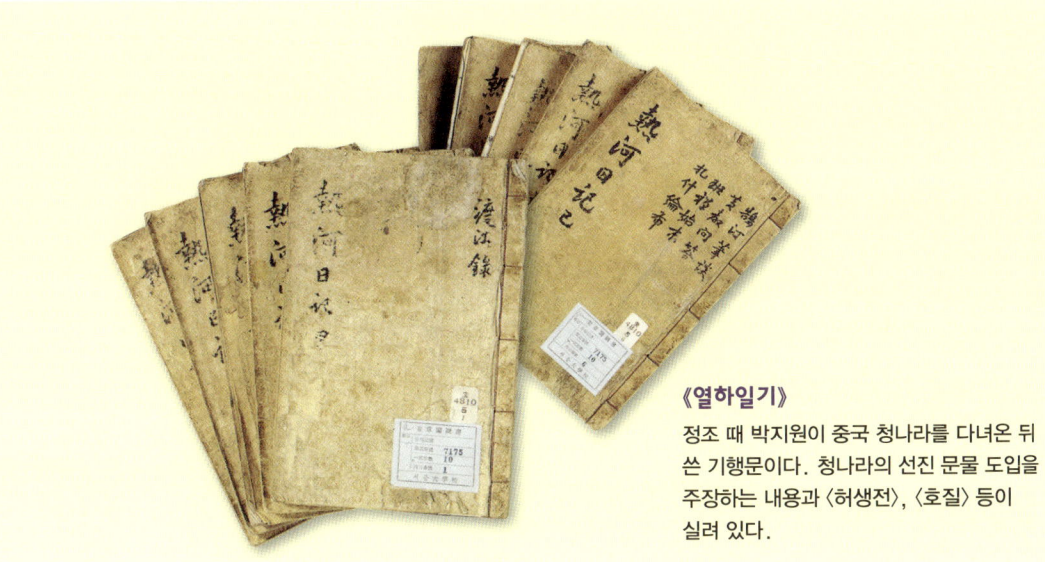

《열하일기》
정조 때 박지원이 중국 청나라를 다녀온 뒤 쓴 기행문이다. 청나라의 선진 문물 도입을 주장하는 내용과 〈허생전〉, 〈호질〉 등이 실려 있다.

    박지원은 가장 낮은 군졸의 자격으로 청나라에 가게 되었다. 마흔넷이라는 나이도, 체면도 아랑곳하지 않았다. 1780년 5월 말에 출발한 일행은 의주를 거쳐 압록강을 건너 청나라의 수도 연경(중국 베이징의 옛 이름)에 들어갔지만, 다시 황제가 머물고 있는 열하로 가게 되었다.
    '내가 보고 듣고 느낀 모든 것을 하나도 빠짐없이 적어 놓아야겠다.'
    박지원은 꼼꼼하게 기록을 남겼다. 약 6개월 동안 청나라를 여행하면서 박지원이 받은 충격과 놀라움은 이루 말할 수 없이 컸다.
    '청나라를 오랑캐라고 멸시해서는 안 되겠구나. 그동안 우리 조선은 우물 안 개구리처럼 지내 왔어. 청나라의 좋은 점을 배우고 받아들여서 부강한 나라가 되어야 할 텐데……'
    박지원은 새로 알게 된 농사법, 세계 여러 나라의 소식, 청나라의 문물 제도 등을 기록했다. 생활을 편리하게 해 주는 기계들, 중국 학자와 토론한 내용, 천문학에 대해 새로 알게 된 내용도 써 넣었다. 무서운 호랑이가 등장해 양반을 꾸짖는 글인 〈호질〉에서는 박지원 특유의 날카로운 글로 양반 사회의 잘못된 점을 풍자했다.

그는 조선에 돌아와서 글을 책으로 묶고 《열하일기》라고 제목을 붙였다. 많은 사람에게 새로운 세상을 알리고 생각을 나누고 싶어서였다. 《열하일기》는 곧 많은 양반 사대부가 읽었고 매우 유명해졌다.

"정말 옳은 생각이야. 조선도 청나라처럼 상공업도 발전시키고 수레와 같은 기계도 사용해야 해."

박지원의 생각에 고개를 끄덕이는 사람도 있었지만, 여전히 청나라를 깔보면서 기분 나빠 하는 사람도 있었다.

"아니지. 오랑캐의 문화를 본받아야 한다니, 어찌 이런 생각을 할 수

있단 말인가."

　박지원은 신분이 낮아도 자신의 일을 성실히 해 나가는 사람을 바르게 사는 사람이라고 생각했다. 백성을 못살게 구는 양반의 횡포를 비꼬는 소설《양반전》을 쓰기도 했다.

　그 뒤 몇 차례 낮은 벼슬살이를 했지만 거의 평생을 공부하고 글 쓰는 데 바쳤다. 박지원의 앞선 생각과 글은 훗날 조선의 잘못된 제도를 고치고 개혁하려는 사람들에게 많은 영향을 주었다.

　박제가는 그의 제자 가운데 하나였다. 양반의 서자로 태어났지만 정조의 사랑을 받아 규장각에서 일하게 된 그는 청나라의 사신으로 다녀온 뒤 청나라를 배워서 힘을 길러야 한다고 주장했다.

　'청나라를 오랑캐라 여기지 말고 뛰어난 점을 배워야 해.'

박제가는 생활에 쓰이는 도구, 특히 농사짓는 도구를 편리하게 만들고, 수레와 배를 이용해야 한다는 생각, 백성들을 편안하게 만들어 나라를 발전시킬 수 있는 제도에 대한 생각을 담아 《북학의》라는 책을 썼다.

홍대용, 하늘을 관측하다

박지원의 친구 홍대용은 호기심이 많고 무엇이든 궁금하면 끝까지 알아내야 직성이 풀리는 사람이었다.

'지구가 돈다고? 그럴 리가 있나. 네모진 땅을 둥근 하늘이 위에서 덮고 있을 텐데, 내가 발을 딛고 서 있는 이 땅이 어떻게 움직인다는 거지?'

골똘히 생각하던 홍대용이 갑자기 제자리 뛰기를 시작했다. 껑충 뛰었다고 느낀 바로 그 순간 그 자리로 떨어졌다.

'만일 땅이 돌고 있다면 조금 앞으로 떨어져야 하는데?'

잠시 생각하다가 홍대용은 돌을 높이 던져 보았다. 이번에도 그 자리에 떨어졌다. 무섭게 떨어지는 돌에 하마터면 머리를 맞을 뻔했다.

결국 홍대용은 자기 집 안에 작은 천문대를 두고 여러 사람의 도움을 받아 관측 기구를 만들고 직접 하늘을 관측했다. 그래도 성에 차지 않아 중국에 가서 새로운 학문을 공부하기로 마음먹었다.

드디어 기회가 찾아왔다. 사신을 따라서 북경에 간 홍대용은 서양 선교사 할러슈타인과 고가이슬을 만나서 당시 최고의 천문학 지식을 배울 수 있었다. 이미 중국에는 지구가 자전을 하면서 태양을 중심으로 돈다는 코페르니쿠스의 학설이 널리 알려져 있었다.

홍대용은 서양 선교사가 쓴 천문학 책을 읽다가 오래된 의문을 풀 수 있는 단서를 찾아냈다.

'하늘이 움직이는 것이 아니라 지구가 왼편으로 돌면 모든 천체는 서쪽으로 도는 것처럼 보일 뿐이다. 마치 배를 타고 가는 사람이 강가의 나무가 움직이고 자기가 움직이지 않는 것처럼 느끼듯이…… 바로 이것이야. 땅덩어리는 하루에 한 번씩 돈다.'

홍대용이 지구의 자전을 깨닫는 순간이었다. 더 많은 책을 읽고 천체를 연구하고 생각을 거듭하면서 홍대용은 점점 더 넓은 눈으로 우주를 보게 되었다.

'지구도 달이나 해와 같이 천체를 이루는 것 가운데 하나이구나.'

세상을 보는 눈도 달라졌다.

홍대용과 혼천의
청에서 서양 선교사와 교류한 홍대용은 서양의 과학 서적과 자명종 등을 가지고 귀국했다. 그는 지구가 자전한다는 사실을 논리적으로 설명했으며, 천문 관측 기구인 혼천의와 자명종 등을 직접 만들기도 했다.

'넓은 우주에서 지구가 중심이 아니듯이, 지구에서 중국이 늘 중심일 수는 없다. 조선도 얼마든지 중심이 될 수 있다.'

유득공, 발해사를 연구하다

규장각 검서관 유득공은 오늘도 어김없이 이른 아침부터 책을 읽기 시작했다. 규장각은 최고의 도서관이자 연구소였다.

유득공은 연암 박지원이 사랑하는 제자였고 정조가 특별히 아끼는 신하였다. 유득공은 박제가처럼 중국에서 문물을 들여오고 상공업을 발전시켜야 한다는 생각을 품고 있었다. 실생활에 도움이 되는 학문, 나라를 부강하게 만들고 사람들을 잘 살도록 하는 데 필요한 학문을 연구해야 한다고 생각했고, 그렇게 하려고 노력했다.

유득공은 발해의 역사에 특히 관심이 많았다.

'한 나라가 흥하고 망하는 일은 그 나라가 어디에 있는가에 따라 많이 달라진다. 오래전부터 사람들은 유교의 가르침인 도(道)에 따라 나라를 다스리면 된다고 말해 왔다. 하지만 나라의 위치가 더 중요한 거 아닐까.'

박제가가 유득공에게 물었다.

"자네는 발해를 왜 그토록 중요하게 생각하는 건가?"

"발해의 땅은 부여와 고구려의 땅이었고, 대조영은 고구려 사람이었잖나. 발해의 옛 땅을 잃어버리면서 점점 힘이 약한 나라가 된 것이지. 발해의 역사는 우리 조선의 역사가 되어야 한다고 생각하네."

"만약 고려가 북쪽을 조금만 더 잘 돌봤더라면, 발해의 역사책을 만들어서 발해 땅이 고려의 땅이라고 주장할 수 있었을 것이네. 그랬다면 토문강 북쪽과 압록강 서쪽도 우리 영토로 만들 수 있지 않았을까?"

"나는 지금이라도 발해에 대한 모든 것을 한데 모은 책을 써야 한다고 생각한다네. 내가 그 일을 할 수 있으면 좋겠어."

유득공은 《삼국사기》와 《고려사》 같은 우리나라 역사책을 비롯해 중국의 역사책까지 두루 살피며 열심히 공부했다. 몇 년 뒤, 유득공은 자신이 공부한 발해에 대한 모든 것을 담아 책으로 펴냈다.

《발해고》라고 이름 붙인 이 책에는 발해의 왕과 신하, 지리와 관직, 언어와 책, 발해에서 나는 산물 등에 대한 내용이 실려 있었다. 책 이름을 발해사로 하고 싶었지만 '사(史)'를 붙이기에는 자료가 너무 부족하다고 생각해서 자신의 생각을 담아 연구해 쓴 글이라는 뜻으로 '고(考)'를 붙여 《발해고》라고 이름 지었다.

김홍도, 조선의 풍속을 그리다

"이제 시작하라."

정조의 명이 떨어지자 오늘 시험 주제가 내걸렸다. 한숨을 쉬는 사람도 있었고 내심 기쁜 빛을 띠고 붓을 놀리는 사람도 있었다.

쟁쟁한 실력을 갖춘 도화서 화원들이 흰 종이에 그림을 그리기 시작했다. 자비대령 화원을 뽑는 시험이 시작된 것이다. 정조는 도화서 화원 중에서 실력이 뛰어난 열 명 정도를 뽑아 자비대령 화원의 직책을 주었다. 자비대령 화원은 규장각에서 일을 하거나 왕실에 필요한 그림을 그리는 당대 최고의 화가였다.

정조는 그 어떤 왕보다 백성을 가까이하려고 힘썼다. 자주 대궐 밖으로 나가 백성을 직접 살피고자 노력했고, 선대왕들의 능침에 참배 가는 길, 화성으로 행차하는 길에 억울한 사연을 많이 들으려고 노력했다. 하지만 나랏일로 바쁜 왕이 백성들의 삶을 직접 살필 수 있는 기회가 그리 많지는 않았다.

그래서 도화서 화원들은 정조의 명에 따라 백성들의 살아가는 모습과 풍속을 자주 그려야 했다. 자비대령 화원을 뽑는 시험에도 곡식 베기, 모내기, 봄나들이 등을 비롯해 백성들의 생활 모습을 그리는 문제가 자주 나왔다.

신윤복, 조선 여인의 아름다움을 그리다

혜원 신윤복도 단원 김홍도처럼 조선 사람들의 모습을 아름답게 그려 낸 화원으로 이름이 높다. 하지만 신윤복은 아름다운 여자나 기생 등을 섬세한 붓놀림, 화사하고 다양한 색으로 그려 냈다는 점에서 달랐다.

신윤복의 〈미인도〉를 가만히 들여다보자. 촘촘히 빗질해서 단정히 틀어 올린 머리, 귀 뒤로 부드럽게 넘긴 솜털 같은 머리카락, 저고리 위로 늘어진 노리개의 섬세한 무늬를 들여다보면 그 부드러운 아름다움에 감탄사가 절로 나온다.

〈월하정인〉 속에는 '달빛 침침한 한밤중에, 두 사람의 마음은 두 사람만 알겠지.'라는 글귀가 적혀 있다.

〈월하정인〉

〈미인도〉

김홍도의 〈씨름〉

정조는 여러 화원 가운데 김홍도를 많이 아꼈다. 김홍도는 백성의 모습을 그리는 시험에서는 거의 언제나 최고 점수를 받았다.

"김홍도는 백성들의 모습을 참으로 활기차고 생생하게 그리는구나."

정조는 그림을 보면서 흐뭇한 미소를 지었다.

김홍도는 모내기하는 사람들, 주막에서 밥 먹는 사람들, 나이 많은 사람, 젊은 사람, 남자와 여자 등 수많은 조선 사람을 화폭에 담아냈다.

밝고 건강하고 유쾌한 모습, 저절로 미소를 띠게 만드는 활기찬 모습을 그렸다. 농사일은 하나부터 열까지 모두 사람의 손끝에서 이뤄졌다. 뙤약볕에 몸을 맡기고 허리가 끊어져라

김홍도의 〈행상〉

일을 하다 보면 금세 배가 고파진다. 때마침 내온 새참을 먹고 흡족한 농부의 표정이란!

실제로는 고달프고 힘들게 사는 사람들, 비쩍 바르고 병든 사람들이 더 많았겠지만, 그래도 그림의 주인공이 산과 강, 소나무와 난초가 아닌 조선 풍속과 조선 사람들로 바뀌었다는 것이 정말로 중요한 변화였다.

김홍도의 〈새참〉

이름 없는 조선의 기술자들

꺽쇠의 대장간에서는 오늘도 망치질 소리가 끊이지 않았다. 대장장이들이 적당한 크기의 쇳덩어리를 시뻘겋게 불에 달궈 원하는 모양이 나올 때까지 망치로 두들겼다. 서서히 모양이 잡혀 가는 덩어리를 찬물에 넣어 식혀 담금질하고 다시 달궈 모양 만드는 일을 계속했다.

호미와 낫, 삽과 괭이 등 쓰임새와 모양도 가지가지인 농기구들이 만들어져 나왔다. 꺽쇠는 어떻게 하면 좀 더 일하는 데 편리한 도구를 만들 수 있을지 늘 고민했다. 점점 더 다양한 작물을 재배하고 농사짓는 기술이 발달하니 농기구도 필요에 따라 다르게 만들어야 할 것이라고 생각했다. 그의 대장간으로 농기구를 사러 오는 사람들이 더욱 늘어나면서 꺽쇠는 조금씩 돈도 모을 수 있었다.

'풀무질을 할 일손이 더 필요하겠군.'

대장간이 커지자 돈을 주고 사람을 쓰기도 했다. 솜씨 좋은 대장장이 꺽쇠의 기술은 여러 사람을 통해 더욱 발전해 갔다.

작은놈이는 왕릉 공사나 다리 놓는 공사, 성벽 쌓는 공사를 오랫동안 해 온 장인(기술자)이었다. 그러다 보니 엄청난 무게의 돌덩어리를 높은 곳으로 옮기느라 고생할 때가 많았다. 도르래가 있었지만 좀 더 나은 기계를 만들 수 있을 것 같았다.

"바닥에 바퀴처럼 돌아가는 나무를 여러 개 박아 놓고, 그 위로 석물을 굴려 옮길 수는 없을까?"

곁에 있던 돌쇠가 거들었다.

"높은 곳에 나무 기둥을 박아 놓고 그곳에 도르래를 연결해 주면 훨씬

김득신의 〈대장간〉

수월하겠는걸?"

조선에는 수많은 꺽쇠, 작은놈이, 돌쇠가 있었다. 제대로 된 이름 석 자 하나 남기지 못했지만 묵묵히 일하며 최고의 기술을 개발하고 다른 사람에게 이를 전해 주는 장인들이었다.

아직은 기술을 가진 사람들이 크게 대접받지 못했지만 이들이 더 잘살 수 있는 세상이 아주 조금씩 열리고 있었다. 기술의 힘과 가치를 아는 사람도 차츰 늘어났다. 수원성을 쌓는 데 거중기를 이용한 정약용도 그런 사람 중 하나였다.

한글 소설과 판소리

둥글게 모여 선 사람들이 숨을 죽이고 이야기에 귀를 기울였다.

"아, 그래서 우리 불쌍한 심청은 눈먼 아버지 눈을 뜨게 하려고 시퍼런 인당수에 풍덩~ 하고 뛰어들었으렷다."

어디서 꼴깍 침 넘어가는 소리가 들렸다.

이야기꾼이 손짓과 몸짓을 섞어 가며 구수하게 심청이 이야기를 풀어내고 있었다.

"저런, 심청이 불쌍해서 어쩌나~"

한 아낙네가 소매 끝으로 눈물을 찍어 냈다.

"에잇~ 나쁜 상인놈들, 사람을 제물로 바치다니."

어떤 아이는 주먹을 허공에 휘둘렀다. 사람들의 눈은 이야기꾼의 입에 쏠려 있었다. 이야기꾼이 말을 끊고 뜸을 들이자, 사람들은 안달이 났다.

"옛소~ 돈을 줄 테니, 빨리빨리 그 다음 이야기 좀 해 보쇼. 우리 심청이는 어떻게 되었소?"

한성부나 큰 도시에는 이런 이야기꾼이 많았다.

한성부 동대문 밖에 사는 이야기꾼들은 이처럼 소설을 읽어 주면서 돈을 벌었다. 이야기꾼은 매일 장소를 바꿔 《심청전》, 《홍길동전》, 《춘향전》, 《콩쥐팥쥐전》, 《장화홍련전》 같은 한글 소설을 읽어 주거나 이야기를 들려주면서 먹고살았다.

재주 많은 이야기꾼은 구경꾼들의 반응과 분위기를 살펴 가면서 이야기를 더 재미있게 꾸며 넣기도 하고 슬쩍 바꾸기도 했다. 바깥나들이가 어려운 양반집 마나님들은 이야기꾼을 집으로 불렀다.

한글을 깨친 사람들은 직접 소설책을 사서 보거나 빌려 보았다. 부유한 양반집 딸들, 돈 많은 상인이나 역관 집 딸들과 부인네들이 한글 소설을 즐겨 읽었다. 책을 보따리에 싸들고 이 집 저 집 돌아다니며 빌려주는 사람들을 어렵지 않게 만날 수 있었다. 중국에서 들여온 소설을 번역한 책들도 날이 갈수록 인기를 끌었다.

하지만 양반 사대부들은 이를 못마땅하게 여기기도 했다. 어떤 양반집에서는 젊은 며느리가 시어머니 상중에 소설책을 소리 내서 읽었다고 쫓아낼 정도였다. 하지만 양반 중에도 소설이나 중국에서 들여온 이야기책을 몰래 즐겨  읽는 사람이 적지 않았다. 근무 시간에 몰래 소설을 읽다가 들켜 벌을 받은 관리도 있었고, 소설에서 잘 쓰는 말투를 보고서나 과거 답안지에 썼다가 큰 꾸지람을 받거나 벼슬을 빼앗긴 사람도 있었다. 정조는 "그런 책을 많이 보면 사람의 마음이 흐려지고 유교 도덕이 땅에 떨어진다."고 나무랐다.

사람이 많이 모인 장터, 가을걷이를 마친 농촌 마을에서는 한글 소설의 줄거리를 노랫가락에 실어 부르는 판소리가 인기를 끌었다. 북소리 장단과 추임새에 맞춰 목청 좋은 소리꾼이 《심청전》, 《홍길동전》, 《춘향전》을 몇 시간씩 노래로 풀어 연극하듯 들려주었다.

재미있다고 소문난 판소리 소리꾼들은 부잣집 잔치에

불려 가 공연도 했다. 왕 앞에서 공연하고 상을 받은 소리꾼도 있었다.

보통 사람들의 것이었던 판소리는 점점 양반들의 세계로도 들어갔다. 전라도 고창의 신재효는 판소리를 여섯 마당으로 정리해 양반의 입맛에 맞도록 다듬었다. 여섯 마당은 〈심청가〉, 〈흥부가〉, 〈춘향가〉, 〈수궁가〉, 〈적벽가〉, 〈변강쇠 타령〉이다.

장터의 탈춤 한마당

오늘은 황해도 봉산 장터에서 탈춤 판이 벌어지는 날이다. 장에 나온 사람이 구름처럼 모여들었다. 일부러 탈춤을 보려고 나온 사람들은 일찌감치 앞쪽에 자리 잡고 앉아 있었다.

드디어 검은 더그레(군복에 입는 소매 없는 옷)를 폼 나게 걸치고 채찍을 들고, 머리에는 검은 패랭이를 쓴 양반집 종 말뚝이가 젠체하며 등장했다. 넓적한 황갈색 얼굴에 왕방울만 한 눈, 시커먼 눈썹, 입가에 흰점이 다닥다닥 박힌 탈을 썼다. 말뚝이 뒤를 따라서 눈, 코, 입, 귀가 모두 비뚤어진 탈을 쓰고 후줄근한 도포를 걸친 양반 세 사람이 비척비척 걸어 나왔다.

말뚝이가 걸쭉한 목소리로 탈춤 마당을 열었다.

"쉬이~ 양반 나가신다 양반! 양반이라고 장원 급제하여 옥당, 삼정승, 승지 다 지내고 이조, 호조, 예조, 병조, 형조, 공조, 육판서 다 지낸 양반인 줄 아지 마시오. 개잘량의 '양' 자에 개다리소반이라는 '반' 자를 쓰는 양반이 나오신단 말이오."

세 양반들이 발끈 화를 냈다.

"이놈아, 무엇이 어쩌고 어째?"

말뚝이가 달래듯이 말을 받았다.

"아따, 이 생원네 삼형제분 나오신다고 그리하였소."

양반 삼형제가 굿거리장단에 맞추어 한참 어색한 춤을 추었다.

"야, 이놈 말뚝아. 야, 이놈 말뚝아~"

"아, 예 예 예~"

"양반을 모시지 않고 어디를 질질 끌고만 다니느냐?"

"네 네, 양반을 모시려고 찬밥 국 말아 밥 먹고 마구간에 들어가서 노새 원님을 질질 끌어내어……."

탈춤 판을 지켜보던 사람들의 웃음보가 터졌다. 허울만 번지르르하고 체면 차리기 좋아하는 양반을 마구 공격하는 말뚝이를 보면서 사람들은 속이 시원했다. 말뚝이한테 꼼짝없이 당하는 양반을 보면서 구경꾼들은 배꼽을 잡고 통쾌해 했다.

이제 사람들의 눈에 비친 양반들은 옛날 양반이 아니었다. 양반이라고 해서 무조건 굽실거리고 고개를 숙이지도 않았다. 한성 근처에 살면서 온갖 벼슬과 권세를 독차지하는 몇몇 세도 가문을 제외하면, 벼슬길에 나가기 힘들어진 시골 양반들은 겉만 양반이었지 농민과 다를 게 없었다. 먹을 것이 없어서 남의 땅을 빌려 부치고, 돗자리를 만들어 장에 내다 팔

봉산탈춤의 양반 말뚝이춤에 등장하는 탈
샌님 / 말뚝이 / 서방님 / 종가 도령

정도로 몰락해 버린 양반이 수두룩했다. 그런데도 체면을 차리고 양반 행세를 하려 들다가는 크게 망신을 당하기 십상이었다.

　반대로 농사를 열심히 짓고 행운도 따라 주어 큰 재산을 모은 농민, 장사로 돈을 번 상인들은 몰락해 버린 양반 집안의 족보를 사서 신분을 바꿨다. 양반 집안과 혼인을 하거나 과거 급제 증명서인 홍패를 돈 주고 사서 양반이 되기도 했다. 나라에서는 돈이나 쌀을 받고 '공명첩'이나 '납속책'을 팔았다. 신분을 올려 주어 어려운 나라 살림을 채워 보태려는 것이었다.

　심지어는 말뚝이 같은 하인들, 노비들 중에도 돈을 모아 양반 행세를 하는 자가 있었으니, 조선 사람 열 사람 중 일곱 가까이가 양반인 꼴이 되었다. 태어날 때부터 신분이 나뉘고, 신분에 따른 삶을 운명처럼 받아들여야 했던 옛날의 질서는 뿌리째 흔들리고 있었다.

제주도 여걸, 만덕

제주도의 여성 상인 만덕은 원래 가난한 백성의 딸이었는데, 고생 끝에 장사로 큰 재산을 모았다. 만덕은 전라도에서 쌀과 무명, 생활에 쓰이는 물품을 사오고, 제주도의 약재와 해물을 육지로 가져가 팔았다. 한라산 사슴에게서 나는 녹용을 팔아 큰돈을 벌고, 해녀에게 미역과 전복을 후한 값으로 사서 전라도 상인에게 팔았다. 만덕은 수만금을 모아 제주도에서도 손꼽히는 거상이 되었다.

　"큰일입니다. 태풍이 불어닥쳐 제주를 온통 쑥밭으로 만들었습니다."

"추수를 하려던 오곡은 모두 떠내려가고, 굶어 죽어 가는 백성이 온 섬에 가득하다고 하옵니다."

정조는 전라도의 곡식을 급히 구해 제주도로 보내도록 했다. 그렇지만 굶주린 백성들에게 하루 한 끼 죽도 나눠 주기 어려웠고, 이듬해 봄이 되자 이루 말로 다할 수 없을 정도로 비참한 지경에 빠졌다.

'더는 두고 볼 수가 없구나. 내가 나서야겠다. 내가 돈을 모을 수 있었던 것도 모두 제주도 사람들 덕분이다.'

만덕은 자신의 모든 재산을 기꺼이 내놓았다.

제주 목사는 이 사실을 자세히 적어 정조에게 고했다.

"오, 정말 훌륭하구나. 만덕이 원하는 것을 상으로 주어라."

그런데 만덕은 원하는 것이 없었다. 단 한 가지 평생 소원이 있다면 임금님이 계시는 한성을 구경하고 그토록 아름답다는 금강산 일 만 이 천 봉우리를 두 눈으로 보는 것이었다. 정조는 만덕의 소원을 들어주었다. 고생하지 않고 편안하게 여행할 수 있도록 보살펴 주었던 것이다.

돌아오는 길에 만덕은 중전마마를 만나 인사를 올리고, 푸짐한 선물을 받았다. 정승 채제공이 만덕의 전기를 지어 선물로 주었다. 만덕은 그녀를 만나고 싶어 하는 많은 사람을 뒤로하고 미련 없이 훌훌 제주도로 돌아갔다. 훌륭한 만덕의 이야기는 오래도록 사람들 입에 오르내렸다.

만약에

수원 화성의 공사 현장에 가다

해인이는 친구들과 함께 타임머신을 타고 화성 건설이 한창인 수원을 찾았다. 아름답게 이어진 산의 능선을 따라 두 팔을 벌려 여러 고을을 품에 안은 듯한 성의 모습이 한눈에 들어왔다. 해인이와 친구들은 화성을 돌아보며 과학적이면서도 아름다운 모습에 크게 감탄했다.

해인 와, 정말 대단하다. 여기서 일하는 사람만 족히 1000명은 넘는 것 같아. 저건 또 뭐지? 저렇게 큰 돌덩어리를 아주 쉽게 들어 올리네.

정약용 안녕. 나는 화성 공사를 책임지고 있는 정약용이란다. 저 기계는 '거중기'야. 우리나라와 중국의 책들을 두루 살펴보고 내가 오랫동안 고심해서 만든 기계란다. 정조 임금님께서도 이 거중기를 보시고 크게 칭찬하셨지.

해인 그렇군요. 그런데 화성은 왜 건설하는 건가요?

정약용 정조 임금님께서 수원에 새로운 도시, 화성을 건설하라고 명하셨단다. 백성을 위한 정치를 펼치는 데 화성을 새로운 근거지로 삼으실 거야. 원래 이 화성은 10년 동안 만들 계획이었지만 곧 완성된단다. 2년 7개월 만이지.

화성의 화서문
성문 앞에 바깥쪽으로 한쪽이 터진 반월형 옹성을 둘렀다. 옹성은 성문을 보호하는 역할을 했다.

서북 공심돈

여기서 일하는 사람들에게는 품삯을 준단다. 그래서 더 열심히 일을 하지. 화성 주변에는 농사를 지을 땅과 저수지도 만들었어. 백성을 사랑하는 정조 임금님의 마음이 느껴지지 않니?

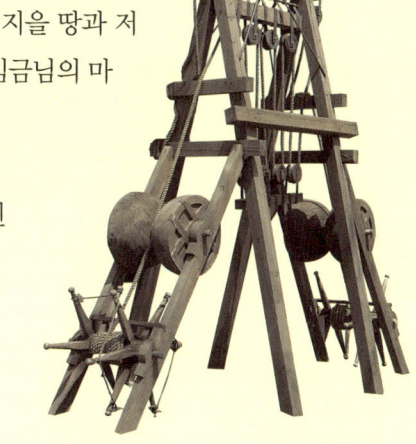

거중기
정약용이 《기기도설》을 참고해 만든 기계로 수원 화성을 쌓는 데 이용했다. 도르래의 원리를 이용해 만들었다.

해인 예, 정말 백성들을 아끼는 마음이 대단하신 것 같아요. 저기 높다랗게 솟은 부분은 뭐죠? 서양의 성과도 많이 닮았어요. 성벽보다도 높이 솟아 있고요.

정약용 공심돈이라고 하는데 화성에서만 볼 수 있지. '속이 빈 돈대'라는 뜻이야. 멀리서 다가오는 적을 살피고 총을 쏠 수 있도록 각 층마다 구멍을 뚫었단다.

해인 적군과 싸울 때 성을 지키기에 참 편리했겠네요.

정약용 그렇지. 화성의 특징은 우리나라의 전통 성 쌓기 방식에 다른 나라의 성 만드는 방식을 잘 조화시킨 데 있단다.

해인 우리 것과 남의 것을 조화시켜 멋진 화성을 만들어 낸 조선 사람들이 정말 자랑스러워요.

1800년
1801 신유박해
1805 세도 정치 시작
1811 홍경래, 평안도에서 농민 전쟁 지휘

1820년
1818 정약용, 《목민심서》 완성
1831 천주교 조선 교구 설치

3
새 세상을 꿈꾸는 사람들

1860년
- 1860년 최제우, 동학 창시
- 1861년 김정호, 〈대동여지도〉 만듦
- 1862년 진주 농민 봉기 확산

1840년
- 1846년 최초의 한국인 신부 김대건 순교
- 1848년 이양선 출현

세도 정치의 그늘

탕평의 시대가 저물다

정약용이 다시 조정으로 돌아온 4년 뒤, 정조가 갑자기 세상을 떠났다 (1800년). 마흔아홉 한창 나이였다. 공노비들을 평민 신분으로 풀어 주려고 했던 계획도 미처 마무리하지 못한 채였다.

겨우 열한 살의 나이로 왕위에 오른 순조는 허수아비인 듯 자리만 지키고, 지금까지 대궐 뒷방에서 숨죽이며 지내던 대왕대비 정순 왕후가 모든 정치를 좌지우지했다.

정순 왕후는 정조의 두 날개였던 규장각과 장용영을 없앴다. 오빠 김관주를 중요한 관직에 앉히고, 노론 사람들에게 큰 힘을 실어 주었다.

"온 나라를 샅샅이 뒤져서 천주교도들을 모두 잡아들여라."

무시무시한 명령에 군대와 포졸들이 전국 방방곡곡을 뒤져 수만 명을 잡아들였다. 천주교도는 물론 그 형제와 친척까지 몽땅 잡아들여 털끝만한 관계라도 있으면 모두 죽여 버렸다. 정조의 신임을 받으며 일했던 많은 사람이 천주교를 가까이했다는 죄목으로 이 소용돌이에 휘말려 줄줄이 잡혀갔다. 정약용의 집안과 주변도 풍비박산이 났다. 정약용의 스승 이가환은 감옥에서 죽었다. 천주교 신자였던 정약용의 매부 이승훈과 셋째 형 정약종은 처형당했다. 둘째 형 정약전과 정약용은 간신히 목숨은 부지했지만, 흑산도와 강진으로 각각 귀양을 갔다.

   정순 왕후가 세상을 떠나자, 순조가 직접 정치에 나섰지만, 불안했던 순조는 왕후의 아버지인 김조순에게 의지하려고 했다.

   한때 정조의 사랑을 받았던 김조순은 야망이 큰 사람이었다. 자기는 벼슬에서 물러났지만 같은 집안사람인 안동 김씨들을 정승, 판서, 참판 등 중요한 관직에 줄줄이 앉혔다. 안동 김씨가 조정을 쥐락펴락하고 나랏일을 마음대로 휘두르기 시작했다.

순조는 아들 효명 세자와 함께 안동 김씨의 세도를 막아 보려고 애를 썼지만 소용이 없었다.

하나의 붕당이 힘을 독차지하는 것도 안 되는 일인데 하물며 임금의 외척 한두 집안이 나랏일을 좌우하게 되었으니, 조선의 미래가 한 치 앞을 내다볼 수 없게 되었다.

외척 세도 가문이 쥐고 흔드는 조정은 조선의 발전에는 관심이 없었다. 신분의 장벽을 깨고 싶은 소망, 사람들이 좀 더 잘 살 수 있도록 잘못된 제도를 고쳤으면 하는 희망에는 두 눈을 굳게 감았다. 오직 자기들의 권력을 오래 유지하고 재산을 불리는 데만 힘을 쏟았다.

세도 정치의 시대

"대감마님, 제 아들이 이번 과거에 급제할 수 있도록 힘 좀 써 주십시오."
"험험, 내가 어찌 그런 일을 할 수 있겠소?"
"대감께서 못 하시면 누가 합니까. 여기 작은 선물을 놓고 가겠습니다."
세도가의 집 앞은 온갖 선물을 싸 들고 찾아오는 사람들로 북적였다. 벼슬을 한자리 사고 싶은 사람, 특권을 누리며 장사하고 싶은 상인 등이 계속 모여들었다.

나라의 인재를 뽑는 과거 시험에서도 집안과 돈으로 사람을 뽑는 부정이 저질러졌다. 아무리 실력이 뛰어나도 시골에 살거나 돈이 없으면 절대로 과거 시험에 합격할 수 없었다.

위세도 당당한 수십 개 가문에서
대대로 국록을 먹어 치우더니
그들끼리 붕당이 나뉘어져서
엎치락뒤치락 죽이고 물고 뜯어
약한 놈 몸뚱이는 강한 놈 밥이라
대여섯 세도 가문만이 살아 남아서
이들만이 나라의 재상이 되고
이들만이 높고 낮은 관리가 되고
권세 있는 가문에서 아들 하나 낳았는데
사납고 교만하기 짝이 없었다.
그 아이 자라서 팔구 세 되니
입고 있는 아름다운 옷 또한 찬란하구나.
한 손님이 말하길,
"걱정하지 말아라.
너의 집은 하늘이 복을 내린 집이라
너의 관직 하늘이 정해 놓은 것
청관(淸官), 요직(要職) 마음대로 할 수 있는데
부질없이 힘들여 애쓸 것 없고
매일같이 글 읽는 일 할 필요 없네.
때가 되면 저절로 좋은 벼슬 생기는데,
편지 한 장 쓸 정도의 글만 알면 충분하리.

— 정약용, 〈하대일주〉

제일 앞에서 나라를 이끌어 가야 할 조정이 썩어 가니 지방의 관리는 말할 것도 없었다. 조선 8도 마을마다 탐관오리가 들끓었다. 고을 수령 자리를 돈으로 산 사람은 사람들을 쥐어짜, 벼슬을 사느라 들인 돈의 몇 배를 모아서 더 높은 벼슬을 사려고 들었다.

참다 못 한 사람들이 곳곳에서 들고일어났다. 수령을 가마니에 싸서 고을 밖에 내다 버리고, 부패한 향리를 두들겨 패고, 관아를 때려 부쉈다. 이 난리를 바로잡도록 조정에서 파견한 관리도 마찬가지였다. 잘못을 바로잡기는커녕 백성들에게 죄를 뒤집어씌우기 일쑤였다.

이런 판국에 한 해 가뭄이 들고는 다음 해에 폭우가 쏟아져 물난리가 나고, 다음 해에는 또 가뭄이 들었다. 전염병이 들불처럼 퍼져 수만 명씩 죽어 나간 것이 여러 차례였다.

사람들의 불평불만은 하늘에 닿을 정도였지만 조정에서는 이렇다 할 대책을 세우지도 못했다. 세금도 전혀 줄지 않는 데다 농촌에서 도망치는 농민들이 늘어, 남아 있는 사람들이 다른 사람의 세금까지 떠맡았다.

홍경래, 평안도에서 봉기하다

평안도 가산 다복동은 강물이 양쪽으로 흐르고 산줄기가 넓게 퍼져 있어 조용하고 아늑한 고을이었다. 이곳에서 살고 있는 홍경래는 몰락한 양반 집안 출신이라 매우 가난했다. 홍경래의 먼 친척 할아버지 홍인한이 영조 때 높은 벼슬을 지낸 것도 아득한 옛날이야기였다. 홍경래는 열아홉 살 때부터 과거를 보았지만 번번이 떨어졌다. 가난한 시골 출신 선비가, 그것도 오랫동안 차별받아 온 평안도의 선비가 과거에 급제하기란 하늘에 별 따기보다 어려웠다.

벼슬길을 포기한 홍경래는 좋은 터를 골라 남의 묘지 자리를 찾아 주는 일을 하며 전국을 떠돌았다. 그는 숱한 사람들을 만나면서 세도 정권의 문제를 뼈저리게 느끼고 잘못된 현실을 바로잡아야겠다고 마음먹었다. 그리고 뜻을 같이하는 동지들을 찾았다.

먼저 서자로 태어나 차별받으며 살아온 우군칙과 의기투합했다.

평안도 물정을 훤히 알고 상업과 광산업으로 돈을 번 우군칙은 홍경래의 오른팔이 되어 사람을 모으고 봉기를 준비해 나갔다. 부자 이희저와 곽산에 사는 진사 김창시도 동지가 되었다. 이희저는 본래 노비였지만 광산 경영과 장사로 큰돈을 벌어, 돈을 주고 노비 신분에서 벗어난 자였다.

"평안도의 산세가 거꾸로 흘러 역모의 기운이 있는 땅이라는 둥 말도 안 되는 이유로 차별받는 것을 더 이상은 참을 수 없다."

김창시는 평안도 지방에 대한 차별로 벼슬길이 막힌 데 불만을 가진 양반이었다. 여기에 이제초, 김사용, 홍총각 등 30여 명의 장사가 모여들었다. 무과 시험을 치를 자격은 안 되었지만 실력이 뛰어난 무사들을 장사라고 불렀다.

홍경래와 그를 따르는 사람들은 다복동 골짜기에 터를 잡고 장정을 모아 말타기와 총 쏘기 등을 가르쳤다. 조정에 불만이 많았던 평안도의 부자들도 몰래 군자금을 대며 지지했고, 무거운 세금에 허리가 휘던 농민들도 힘을 보탰다.

드디어 1811년 12월 18일, 홍경래는 스스로 평서 대원수라 칭하고 봉기의 깃발을 높이 올렸다. 김창시가 격문을 우렁차게 읽었다.

> …… 지금 나이 어린 임금이 왕위에 있으니 권세 있는 간신배가 날뛰고 어진 하늘이 재앙을 내려 겨울 번개와 지진이 일어나고 흉년이 거듭되어…… 관서 땅의 성인께서는 평서 대원수를 비롯한 호걸들에게 명해 백성을 구하도록 했다. 여러 지역 군수들은 놀라지 말고 성문을 활짝 열어 우리 군대를 맞으라.

홍경래의 군대는 가산을 점령했다. 봉기한 지 3일 만에 7개 군을 손에 넣었다. 정주를 비롯한 청천강 이북의 10개 지역이 홍경래 군대의 세상이 되었다.

어떤 수령은 싸워 보지도 않고 도망을 쳤고, 백성들은 두 손 벌려 홍경래의 군대를 환영했다.

평안도에서 반란이 일어났다는 급보를 전해 들은 조정은 발칵 뒤집혔다. 한성의 일부 세도가와 부자들은 서둘러 피란 갈 짐을 꾸리기도 했다.

조정에서는 부랴부랴 토벌대를 보냈다. 홍경래의 군대는 관군에 맞서 거세게 싸웠다. 그러나 관군의 대대적인 공격을 이겨 내기에는 힘이 부쳤다.

홍경래의 군대는 후퇴를 거듭하다가 정주성으로 들어갔다. 이곳을 마지막 보루로 삼아 버티며 싸울 생각이었다. 관군은 토벌을 구실 삼아 아무런 상관도 없는 이들도 잡아 죽였다. 이 때문에 많은 사람이 정주성으로 함께 들어가 싸웠다.

〈순무영진도〉
평안도에서 일어난 농민 봉기를 진압하기 위해 파견된 순무영 군사들이 정주성을 포위하고 있는 장면을 그린 것이다.

관군은 다음 해 봄까지 4개월 동안이나 정주성을 포위하고 공격을 퍼부었지만 성문을 열지 못했다. 그러나 정주성 안의 홍경래 군대도 더 이상은 버티기 힘들었다. 관군은 성안의 식량이 떨어진 것을 알고는 총공격을 퍼부었다. 성벽 아래에 화약을 묻은 뒤 폭발시켜 성벽을 무너뜨렸다.

관군이 물밀듯이 성안으로 들어와 닥치는 대로 홍경래의 군대를 죽였다. 홍경래도 관군이 쏜 총에 맞아 죽었다. 항복한 군사들까지 잡아 죽였으니 이때 죽은 사람이 2000명이 넘었다. 얼마 뒤 우군칙과 이희저도 잡혀 죽임을 당했다.

무심히 찾아온 4월의 봄, 산과 들에는 꽃이 피고 풀이 돋았지만 세상을 바꿔 보려고 일어났던 사람들의 꿈과 목숨은 그렇게 지고 말았다. 그러나 5개월 동안이나 계속된 이들의 봉기는 세도 정권의 간담을 서늘하게 만들기에 충분했다.

홍경래의 봉기가 끝난 다음 해에는 제주도 사람들이 악독한 제주 목사의 폭정에 맞서 일어났다.

멀리 제주도에 목사로 내려오는 관리의 열에 여덟은 고을을 잘 다스리기보다 재물을 늘리기에 바빴다.

김수기도 그런 목사 중 하나였으니, 제주도의 특산물인 귤과 전복을 닥치는 대로 긁어모아 세도 가문에 보내 아부하는 데 썼다. 이를 보다 못한 양제해가 여러 차례 말렸으나 김수기는 들은 척도 하지 않았다.

양제해는 사람들을 불러 모아 말했다.

"더 이상은 노략질과 같은 목사의 행동거지를 두고 볼 수가 없소. 목사를 내쫓읍시다."

양제해는 고씨와 부씨 집안에게도 도움을 청했다. 원래 양씨, 고씨, 부씨 집안은 제주도에서 오래도록 뿌리내리고 살아 신망이 두터웠다.

드디어 제주도 사람들이 들고일어났다. 양제해는 목사를 내쫓고 관아를 차지했다. 쫓겨난 목사도 군사를 모았다. 양편은 밀고 밀리는 싸움을 이어 가며 팽팽히 맞섰다.

김수기는 이 일이 조정에 알려져 목이 달아날까 두려웠다. 보고를 받은 조정에서는 민심을 잘 달래고 양제해를 크게 벌하지 않도록 했다.

정약용과 정약전

전라도 땅끝, 강진 고을에도 따사로운 봄이 왔다. 적송과 동백나무 숲에 둘러싸인 다산 초당은 고요했다. 다산 초당에는 귀양살이 온 정약용이 살고 있었다. 귀양살이 18년에 벌써 쉰일곱. 정약용에게는 정조 임금을 섬기며 수원 화성 공사에 온갖 열정을 쏟아붓던 젊은 날이 엊그제인 듯했다.

> 파르르 새가 날아 내 뜰 매화에 앉네
> 향기 사뭇 진하여 홀연히 찾아왔네
> 이제 여기 머물며 너의 집을 삼으렴
> 만발한 꽃이라 그 열매도 많단다.

날아든 새에게 말을 걸어 함께 있고 싶을 만큼 외롭고 힘든 귀양살이. 그 길고 긴 세월 동안 정약용은 백성들의 고달프고 비참한 생활을 직접 눈으로 보고 귀로 들었다.

세금을 내지 못해 시달림 당하는 농민들, 죽는 것보다 더 고통스럽게 사는 농민들을 수도 없이 보면서 나라를 다스리는 사람이 어떻게 정치를 해야 할 것인지에 대한 그의 고민도 점점 깊어졌다. 정약용은 제자들을 가르치고 공부하고 고민하면서 정리한 생각들을 차곡차곡 책에 담아 펴냈다.

강진에서 가까운 해남에 그의 외가가 있었던 것은 정말 큰 행운이었다. 정약용의 어머니 해남 윤씨는 학자로 이름이 높았던 윤선도의 외손녀였다. 엄청나게 많은 책을 가지고 있었던 외가 덕분에 정약용은 귀양살이 내내 공부하고 글을 쓸 수 있었다.

정약용은 《경세유표》라는 책을 정성껏 썼다.

'내가 언제 다시 조정에 나갈지 알 수 없는 일이니, 책으로 써 두어야겠다. 훗날 이 책이 잘 쓰일 수 있으면 좋겠는데…….'

세상을 잘 다스리는 법에 대해 신하가 마지막으로 임금께 올리는 글이라는 뜻으로 그런 이름을 붙였다.

신분과 지역을 차별하지 않고 인재를 써야 합니다. 백성들이 늘 배고프지 않게 살아야 나라가 평안하므로 땅을 골고루 나눠 줘야 합니다. 세금도 너무 많이 거두면 안 되고, 거둘 때도 너무 복잡하지 않아야 합니다.

《목민심서》는 수령이 고을을 잘 다스리는 법에 대한 정약용의 생각을 꼼꼼히 적은 책이었다. 어떤 책에는 농민들에게 땅을 나눠 주는 법에 대한 자신의 주장을 담았다.

다산 초당
정약용이 10여 년 동안 귀양살이를 하며 공부하고 저술을 했던 곳이다.
전라남도 강진에 있다.

> 30집을 하나로 묶어서 '여'라 부르고, 여에 속한 사람들이 공동으로 땅을 가지고, 함께 일해서 일한 만큼 공동으로 나눠 갖는다면 참 좋지 않을까?

귀양살이 18년째 되던 해 여름이 끝날 무렵 정약용에게 귀양을 풀어 줄 테니 집으로 돌아가도 좋다는 명이 떨어졌다. 다산 초당을 떠나는 짐 꾸러미에는 자그마치 500여 종류의 책이 들어 있었다. 모두 정약용이 쓴 책들이었다.

고향으로 돌아온 정약용은 책을 짓고 제자들을 가르치면서 살다가 75세에 조용히 세상을 떠났다.

정약용의 형 정약전은 흑산도 등 여러 섬을 떠돌며 귀양살이를 하다가 정약용이 풀려나기 2년 전에 세상을 떠났다.

정약전은 흑산도 근처 바다에서 살고 있는 물고기와 바다 생물 수백 가지를 관찰하고 기록해서 어류 백과사전인 《자산어보》를 지어 후세에 남겼다.

《자산어보》
1814년(순조 14)에 정약전이 쓴 어류에 관한 책이다. 흑산도 근해의 수산 동식물 155종에 대한 기록으로 전 3권 1책으로 구성되어 있다.

안팎으로 거세지는 변화의 물결

강화 도령, 철종이 되다

순조는 8세의 세손에게 왕위를 물려주고 세상을 떠났다. 순조의 아들 효명 세자가 일찍 죽은 탓이었다. 어린 헌종의 할머니인 순원 왕후가 수렴청정을 맡고 안동 김씨들의 세도가 계속되었다. 헌종이 직접 정치를 하게 되자 이번에는 왕의 어머니인 신정 왕후의 친정에서 권세를 거머쥐고 중요한 관직을 죄다 차지했다. 신정 왕후는 풍양 조씨였다.

풍양 조씨와 안동 김씨 외척의 틈바구니에 끼어 이리저리 흔들렸던 헌종은 왕노릇 한 번 제대로 못 해 보고 스물셋의 나이로 죽었다.

안동 김씨들은 강화도 산골에 살고 있는 왕족 한 사람을 왕으로 세우기로 했다. 정조의 배다른 동생 은언군의 손자인 열아홉 살 이원범이었다. 그는 아버지와 큰형이 역모 사건에 휘말려 죽고 할머니가 천주교 신자로 벌을 받아 죽은 뒤 혼자서 농사를 지으며 살고 있었다.

어느 날 갑자기 군사들과 깃발을 든 행렬이 집 쪽으로 몰려오는 것을 본 원범은 자기를 잡으러 오는 줄 알고 도망칠 궁리를 했다.

"살려 주시오. 저는 아무것도 모르는 농부이외다."

원범은 땅에 고개를 처박고 두 손을 싹싹 빌었다.

"왕위를 계승해야 하니 즉시 입궁하라는 명령이오."

"이게 다 무슨 소립니까? 왕위라니요?"

학문은커녕 글자도 읽을 줄 몰랐던 일자무식 강화 도령이 조선의 왕, 철종이 되었다. 철종은 그저 임금 자리만 지키며 시키는 대로 할 뿐, 모든 힘은 순원 왕후와 안동 김씨의 손에 있었다. 철종의 왕비도 안동 김씨의 딸 중에서 뽑혔다.

탐관오리들은 마음 놓고 백성들을 쥐어짰다. 재산이 있는 사람은 있는 대로, 없는 사람은 없는 대로 이리 뜯기고 저리 빼앗겼다. 조선 어디를 가나 거지 행색으로 떠돌아다니는 사람이 너무 많았다. 도적 떼도 극성을 부렸다. 명화적이라 하여 밤에 횃불을 든 도적 떼가 그나마 남은 곡식과 재물을 빼앗았다. 바다에도 도적 떼가 들끓어 마음 놓고 장삿배를 띄울 수도 없었다.

"아이고, 눈만 뜨면 사방이 도적이군."

"큰 도적, 작은 도적, 벼슬아치 도적, 양반 도적이 번갈아 가며 쥐어짜니 정말로 이런 세상에서는 하루도 못 살겠네."

쌓이고 쌓인 사람들의 불만은 터지기 직전의 풍선처럼 팽팽하게 부풀어 올랐다.

이양선이 통상을 요구하다

순조가 왕위에 있을 무렵부터 낯선 서양 배들이 자주 나타났다. 처음에는 어느 나라 배인지조차 몰라서 그냥 '이양선'이라고 불렀다. 조선 배와는 모양이 다른 배라는 뜻이었다.

몇몇 사람들은 이미 서양 나라들이 다른 나라를 침략해서 이익을 얻고 있다는 사실을 알고 있었다. 정약용도 서양의 여러 나라가 강력한 무기를 이용해서 다른 나라의 영토를 차지하고, 무역을 통해 이익을 얻는다고 말했다. 유득공도 서양 나라들의 무시무시한 화포에 대비해 바다를 지킬 준비를 단단히 해야 한다고 주장했다. 하지만 조정과 세도 가문에서는 서양 나라들의 위협을 대수롭지 않게 여겼다.

"멀리 떨어져 있는 서양 나라들보다 조선 안에 있는 천주교도가 더 위험하다. 그들이 나라 안에서 변란을 일으키고 나라 밖에서는 서양 세력을 끌어들일 것이다."

그래서 나라 안의 천주교도를 더 무섭게 잡아들였다. 그러다가 헌종 때, 청나라에 갔던 사신들이 심상치 않은 소식을 가지고 돌아왔다.

"청에서는 한바탕 난리가 났습니다. 서양 배들이 청나라에 들어와 신기한 물건을 팔고 아편(마약의 일종)을 퍼뜨려 청나라 백성들이 몸을 망치고 있습니다."

"청나라 조정에서 아편을 빼앗아 불태우자 영국 배가 청나라를 공격했는데, 청나라 군대가 제대로 싸우지도 못하고 무너져 버렸습니다. 영국이 청나라에게 엄청난 돈과 땅을 달라고 요구하고 있습니다."

청나라, 아니 중국이 서양 오랑캐에게 무릎을 꿇었다는 소식에, 조선 사람들은 서양을 두렵게 느끼기 시작했다. 서양 배들은 경상도, 전라도, 황해도, 강원도, 함경도, 제주도 앞바다에 더욱 자주 나타나 무역할 것을 요구했지만 조정에서는 응하지 않았다.

제주도 근처 우도라는 작은 섬에 영국 군함이 나타나 바다를 측량하다가 들키기도 했다.

"어느 나라의 배인가?"

"영국이라는 나라의 배다."

"누구의 허락을 받고 측량을 하는가?"

"청나라 황제의 명령을 받고 나왔다."

"어서 돌아가라."

"당신네 나라의 연안을 측량해서 항해하는 데 더욱 편리하게 하려는 것일 뿐인데……."

"우리는 너희와 무역을 하지 않을 테니 소용없는 일이다."

이 무렵 일본도 미국 군함의 위협을 받아 무역을 위한 조약을 맺었다. 미국에게만 유리한 조약이었다. 그리고 몇 년 뒤 청나라의 수도 북경이

영국과 프랑스 연합군의 손에 함락되었다는 소식이 전해졌다. 청나라 황제가 열하로 피란을 떠나고, 서양 나라들이 청나라를 위협해 조약을 맺었다고 했다. 서양 나라들은 청에서 천주교를 마음대로 전파하고 여러 항구에서 마음대로 장사를 할 수 있게 되었다고 했다.

조선 사람들은 하늘이 무너지는 충격을 받았다. 잔뜩 겁을 집어먹고 피란 보따리를 꾸리는 사람들도 있었다. 세도 정권은 서양 나라들의 공격을 받게 될까 봐 두려움에 떨었다.

모두가 사람답게 살 수 있는 세상을 열자

조선은 안팎으로 어려움에 처했다. 이때 조선 사람들에게 새 세상이 열릴 것이라는 《정감록》의 예언이 마른 들판에 불 번지듯 빠르게 퍼져 나갔다. 사람들이 모이는 곳이면 어디에서나 정씨 성을 가진 진인(眞人)이 나타날 것이라고 수군거렸다.

"조선은 이제 얼마 안 가 망할 거라는 소문이야."
"정씨 성을 가진 위대한 분이 나타나서 새로운 세상을 열 거라면서?"
"그분께서 정해 주신 열 군데 피란처로 들어가 있어야만 새 세상에서 살 수 있다는데?"
"새 도읍은 계룡산 근처라는데?"
"나라가 망할 때는 여러 징조와 재앙이 나타난다고 했는데, 지금이 그때가 아닐까?"
"그런 세상이 빨리 왔으면 좋겠군. 그럼 나도 이 몹쓸 세상 뒤집어엎는

데 모든 힘을 보탤 거야."

많은 사람이 정말로 새 세상이 열릴 것이라고 믿었다. 짐을 싸서 이고 지고 어린 자식들 손을 잡고 예언에 나오는 피란처로 가는 사람들도 줄을 이었다.

사람들의 마음이 불안해지고, 세도 가문과 조정에 대한 불만이 높아질수록 천주교를 믿는 사람들도 빠르게 늘어났다. 머리를 잘라 장대에 걸고 시체를 돌려 보이며 겁을 주는 지독한 탄압에도 굴하지 않았다.

조선 사회에서 천주교는 사악한 신앙으로 여겨졌다. 우상을 섬기지 말라는 교리로 조상을 모시는 제사를 금지하고, 양반과 상민, 노비를 구별하지 않는다는 교리는 양반 지배층들에게 매우 위협적으로 다가갔다.

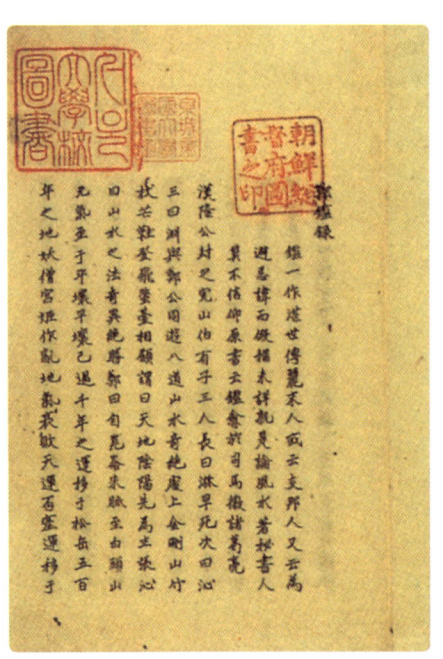

《정감록》
조선의 멸망을 말한 《정감록》에는 새 세상을 기대하는 백성들의 소망이 담겨 있었다.

그러나 천주 앞에서 모든 사람이 평등하고 누구든지 착하게 살면 하늘나라에 갈 수 있다는 가르침은 많은 보통 사람의 마음을 파고들었다. 하늘은 부자와 권세 있는 사람보다 힘없고 고통받는 사람들 편이라는 가르침도 농민들, 노비들, 여자들에게는 기쁘고 반가운 소식이 아닐 수 없었다.

천주교 신자가 늘어나면서 조선 사람 최초로 김대건이 마카오에서 천주교 신부가 되었다. 김대건은 조선으로 숨어

들어와 활동하다가 체포되어 죽임을 당했다.

이런 가운데 경주에서 최제우가 동학이라는 종교를 새로 열었다. 양반의 서자로 태어나 출셋길이 막혀 있었던 그는 전국 방방곡곡을 떠돌며 사람들이 어떻게 살고 있는지 눈여겨보았다. 최제우의 눈에 비친 사람들의 생활은 그보다 더 가난할 수 없을 만큼 가난했다.

최제우는 활쏘기와 말달리기에 푹 빠지기도 하고, 장사도 해 보고, 의술과 점술도 배워 보고, 성리학에 불교와 서학도 공부하면서 혼란한 세상을 구할 방법을 찾아 헤맸다.

김대건
김대건은 조선인 최초로 천주교의 사제가 되었다. 천주교를 전파하다가 체포되어 스물다섯의 나이에 처형되었다.

최제우는 천주교 뒤에는 서양 세력이 도사리고 있다고 생각했다. 천주교가 퍼지는 것을 그냥 두면 백성들을 모두 서양에 빼앗기게 될 것이라며 걱정했다. 그렇다고 케케묵은 성리학으로도 사람들이 원하는 세상을 열 수 없으니 새로운 희망을 줄 가르침이나 종교를 찾아야 한다고 믿었다.

경주 구미산 용담정에 집을 짓고 기도를 드리던 최제우에게 어느 날 하늘의 목소리가 들려왔다.

"세상 사람들은 나를 상제라고 부른다. 그런데 너는 왜 나를 알아보지 못하느냐?"

"어찌하여 미천한 제게 나타나셨습니까?"

"너를 통해서 나의 가르침을 사람들에게 전하려고 한다. '선약'이라고 하는 신령한 부적을 줄 테니 병으로 고통받는 사람을 구해 주어라. 또 주문을 가르쳐 줄 테니 사람들에게 가르쳐서 나를 따르게 해라."

최제우는 상제의 가르침을 널리 펴면서 이를 '동학'이라고 불렀다. 서학에 맞선 우리의 것이라는 뜻이었다.

"사람이 곧 하늘이다. 사람의 마음속에 하느님이 들어 있으니 모든 사람은 귀하고 평등하다."

최제우와 용담정
최제우는 경상북도 경주에 있는 용담정에서 오랜 수련 끝에 동학을 창시했다.
최제우의 가르침은 새로운 세상을 꿈꾸는 농민들 사이에서 빠르게 퍼져 나갔다.

이 같은 가르침은 사람들에게 충격이었다. 아무리 신분제가 흔들렸어도 아직은 양반과 상놈의 구분이 뚜렷했기 때문이다. 조정에서는 백성을 유혹하는 사악한 종교라며 동학을 금지시키고 최제우를 잡아들여 처형했다.

최제우는 잡히기 직전에 자신의 뒤를 이을 사람으로 최시형을 선택했다. 최시형은 나라 안 구석구석을 발로 뛰어다니며 사람들 속으로 깊이 파고들어 동학을 퍼뜨렸다.

"동학은 호미, 지게 들고 다니는 사람들 속에서 많이 나올 것이다."

"부자와 높은 사람, 글 잘하는 사람은 동학의 도를 통하기 어렵다."

"아이를 때리는 것은 하느님을 때리는 일이니 하지 말도록 하라."

최시형의 노력으로 동학은 충청도, 전라도, 경상도로 퍼져 나갔다. 사람의 마음이 곧 하늘의 마음이라는 동학의 가르침은 사람들 마음속 깊이 파고들었다. 그리고 훗날 새 세상을 열고자 하는 우렁찬 함성과 함께 멀리 울려 퍼졌다.

조선의 농민들, 횃불을 들다

삼정의 문란

올해도 가뭄이 들었다. 어떻게든 비를 내리게 하려고 기우제도 올리고 온갖 치성을 드렸지만 비 한 방울 내리지 않고 모내기철이 지나 버렸다. 조정에서는 벼 대신 메밀을 심도록 했다. 그러나 메밀이 익어 갈 무렵 이번에는 때 아닌 우박이 쏟아져 농사를 망쳤다.

사람들은 나라에서 빌려주는 곡식, 즉 환곡으로 근근이 목숨을 이어 나갔다. 그러나 환곡도 그냥 주지는 않았다. 다음 해 가을에 추수해 이자를 붙여 돌려줘야 했다. 이렇게 몇 년만 농사를 짓지 못하면 집과 재산을 잃고 하루아침에 거지 신세가 되었다. 가족 모두가 노비로 팔려 가는 지경에 이르기도 했다.

그러나 자연의 행패보다 더 무서운 것은 세금을 거둬 가는 사람의

행패, 잘못된 제도의 횡포였다. 나라의 중요한 세금 제도에는 토지세를 걷는 전정, 군역을 대신해 세금을 부과하는 군정, 곡식을 빌려주고 다시 거둬들이는 환곡이 있었다. 이를 삼정이라 했다. 하지만 잘못된 세금 제도 때문에 농민들이 가장 많이 고통받았다. 상인들의 수가 늘었다고는 해도 아직까지 대부분의 조선 사람들은 농사를 짓는 농민이었다.

가을이 되어 추수를 해도 토지세 내고, 군포 내고, 환곡 물고, 여기에 따라붙는 잡세를 내고 나면 입에 풀칠하기도 힘들었다.

"에이, 망할 놈의 세금~ 무슨 세금을 백성들 생각은 눈곱만큼도 안 하고 매기는지 모르겠구먼."

지역별로 내야 할 세금의 총 액수를 미리 정해 주면 무조건 그만큼을 거둬 바쳐야 하는 제도가 큰 문제였다. 토지세와 군포, 환곡을 합쳐 각 지방마다 내야 할 총 액수를 미리 정해 놓고 다시 작은 마을별로 나눠 알아서 채워 내도록 했다.

한 농부가 한숨을 쉬었다.

"한번 정해진 액수는 절대로 줄어들지 않으니 그게 더 문제지. 토지가 황폐해져서 농사를 못 지어도, 군포를 낼 사람의 수가 줄어들어도 여전히 예전에 정해진 대로 내야 하니, 아무리 억울하다고 호소를 해도 소용이 없고……."

"그러니 정해진 세금 액수 채우느라고 마을마다 별의별 일이 다 벌어지는 게지."

특히 농민들이 져야 할 군포 부담은 상상을 넘어섰다. 재산이 있는 사람들은 양반 신분을 사서 군포 부담에서 벗어났고, 가난한 사람들만 오롯이 군포를 부담했다.

열여섯 살이 넘기는 커녕 갓 태어난 어린 남자아이에게도 군포를 거뒀고, 죽은 지 오래된 사람도 살아 있는 것처럼 거짓 장부를 꾸며 군포를 매겼다. 정약용도 귀양지에서 군포 때문에 일어난 가슴 아픈 일을 목격하고는 글을 지었다.

> 시아버지 죽어서 이미 상복 입었고
> 갓난아인 배냇물도 안 말랐는데
> 삼대의 이름이 군적이 실리다니
> 달려가서 억울함을 호소하려 해도
> 호랑이 같은 문지기가 버티어 있고
> 이정이 호통해 한 마리뿐인 소만 끌려갔네.
>
> —정약용, 〈애절양〉

"환곡은 또 어떻고. 필요도 없는 사람에게 강제로 빌려주고 이자를 쳐서 돌려받는 걸 당연하게 생각하잖아. 정작 먹을 것이 없는 사람에게는 이자 낼 능력이 없으니까 빌려주지도 않고……."

환곡에 지푸라기나 모래를 섞어 빌려주거나 저울 눈금을 속이는 것은 흔히 벌어지는 일이었다. 그러나 돌려받을 때는 알곡으로만 제대로 다 받아 냈다. 부정하게 거둔 것은 당연히 부패한 향리와 지방 수령의 주머니로 들어갔다.

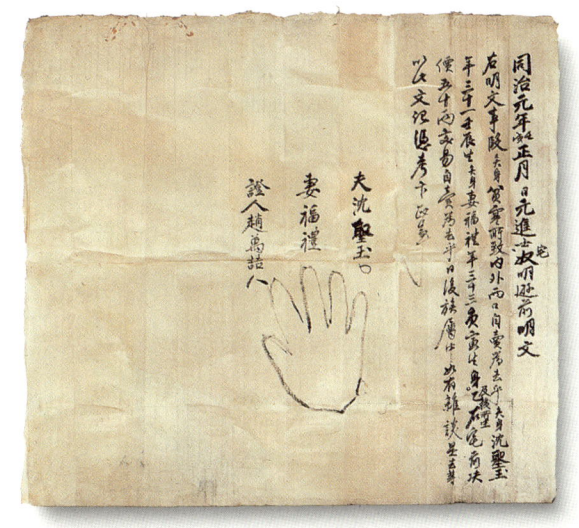

〈자매문기〉
1822년에 복검이라는 사람이 생활이 너무 어려워서 아내와 자기 자신을 승지 댁에 팔아넘긴 문서이다.

마을에서도 힘 있는 자들은 수령, 향리와 짜고 세금을 내지 않고 빠져나갔다. 아무리 부정부패가 많아도 한 마을에서 부담하는 총 액수만 맞으면 되었기 때문에 억울한 백성이 관청에 호소해도 소용이 없었다.

농민들의 가슴속에는 부패한 수령, 향리, 탐욕스런 지주와 양반에 대한 분노가 이글거렸다.

드디어 경상도 단성에서 쌓이고 쌓인 불만이 화산처럼 폭발해 나왔다(1861년). 단성에서 일어난 농민 봉기는 진주로 이어지고, 다시 전국으로 들불처럼 번졌다(1862년).

진주에서 첫 함성이 울리다

경상도 진주 고을의 어느 외딴집에 사람들이 모여 회의를 하고 있었다. 경상 우병사 백낙신이 거두라고 한 10만 냥의 세금 때문이었다. 백낙신은 안동 김씨 가문에 뇌물을 바치고 경상 우병사 자리를 차지했다.

백낙신은 처음부터 어진 정치를 펼 생각이 아예 없었다. 그의 머릿속에는 온통 재물을 긁어모아 더 높은 벼슬자리를 얻고 떵떵거리며 살 생각으로 가득했다.

이번에도 환곡과 세금을 속여 더 받아 내거나 빼돌려서 자기도 갖고 한양의 세도 가문에도 올려 보냈다. 그러느라 5만 냥의 돈을 축냈다. 윗물이 흐리면 아랫물은 더 흐리게 마련이므로 향리와 아전들도 덩달아 백성들의 재산을 열심히 빼앗았다. 백낙신은 부족한 것을 메우려고 사람들에게 토지세를 더 내라고 했다.

한때 성균관 교리를 지냈던 이명윤이 말했다.

"이대로 당하고만 있을 수는 없지 않소? 여러분은 어떻게 생각하시오?"

양반 유계춘이 입을 열었다.

"진주 목사와 경상 우병사가 내라고 한 세금이 합쳐서 16만 냥입니다. 이대로 내려다가는 농사꾼들 허리가 먼저 부러지든지 아니면 굶어 죽든지 할 것이오."

"교리 어르신, 이 일은 우리 마을뿐 아니라 다른 마을도 똑같이 당하는 일이니 함께 뜻을 모아 움직이는 것이 어떻겠습니까?"

나무꾼 이계열이 이명윤을 보며 말했다.

"좋은 생각이네. 다른 마을 사람들도 함께 관청에 등장(억울함과 잘못됨을 호소하는 진정서)을 올리도록 하세. 우리가 얼마나 억울한지, 이 세금이 얼마나 말도 안 되게 많은 것인지 호소해 보세."

이명윤의 말에 이계열이 벌컥 성을 냈다.

"이게 어디 등장으로 호소한다고 해서 해결될 일입니까? 힘을 모아서 본때를 보여 줘야지요."

유계춘이 나섰다.

"자자, 다음 달 초에 수곡 마을에서 장이 서니, 그때 사람들을 모아 봅시다."

1862년 2월 6일, 수곡 장터에 여러 마을에서 온 농민들이 모여들었다. 부패한 관리들이 중간에서 떼어먹은 돈을 농민들 주머니를 털어 채우려는 행태에 농민들은 분노했다.

"우리의 뼛속까지 파먹는 저 파렴치한 병사놈과 아전놈들에게 본때를 보여 줍시다."

여기저기서 '옳소! 옳소!' 하는 소리가 튀어나왔다.

"문제를 너무 크게 만들지 말고 부드럽게 해결하면 안 되겠소?"

"그놈들을 몰라서 그러시오?"

유계춘과 이계열이 소리쳤다.

"우리가 힘을 합쳐 그놈들을 몰아냅시다."

그들이 흰 수건을 머리에 두르고 몽둥이를 들고 앞장서자 성난 농민들이 주저 없이 함께 따라나섰다.

관가로 몰려오는 농민들을 보고서 포졸과 아전들은 꽁지가 빠지도록 달아났다. 농민들은 백낙신을 잡아 묶고 조목조목 무섭게 따졌다.

"세금은 지난번에 거두었는데, 왜 또 거두는 거요?"

"나쁜 향리놈들과 관리놈들이 중간에서 가로채 간 것을 왜 애꿎은 우리더러 내라는 거요?"

"강제로 빼앗다시피 거두어 가고 또 떼어먹는 일은 뭐란 말이오?"

백낙신은 농민들 앞에서 꼼짝을 못했다. 농민들은 향리 중에서 가장 악명이 높았던 이방 김준범과 포리 김희순을 끌고 와 곤장 수십 대를 때렸다. 김준범의 아들도 아버지를 구하려다 성난 농민들에게 맞아 죽었다.

농민들의 분노는 가라앉지 않았다. 진주성으로 들어가서 백낙신에게 빌붙어 지낸 양반들과 지주들의 집을 불태웠다. 그동안 백낙신이 긁어모은 돈을 찾아내 주인에게 돌려주고 닷새 동안 병영을 뒤져 세금을 걷는 문서를 불태운 뒤, 창고 문을 열어 백성들에게 곡식을 나눠 주었다.

유계춘 등 봉기를 이끌었던 사람과 백성들은 해산하고 집으로 돌아갔다. 관아는 아수라장이었지만 정작 진주 사람들은 평온했다.

진주의 봉기는 주변의 23개 면으로 번져 나갔다. 간신히 살아남은 백낙신은 조정에 이 사건을 보고했다.

조정에서는 박규수를 안핵사로 임명해 내려보냈다. 박규수는 연암 박지원의 손자였다. 박규수가 조사해 본 결과 백낙신이 1년에 나랏돈을 1만 냥이나 가로챘다는 사실이 드러났다. 백낙신은 제주도로 귀양 가고, 이명윤도 귀양을 가게 되었다. 그렇지만 유계춘 등 봉기의 주모자 세 사람은 처형당했다.

전국으로 번진 봉기의 횃불

진주의 소식은 삽시간에 이웃 마을로 퍼져 나갔다. 사는 곳은 달라도 형편은 비슷했던 농민들의 분노는 자그마한 불똥이라도 튀면 폭발할 듯이 들끓고 있었다.

"우리도 일어나자!"

농민들의 봉기는 경상도, 전라도, 충청도로 번져 나갔다. 경상도의 함양과 성주, 밀양과 울산에서 함성이 터져 나왔다. 전라도의 익산과 무주, 무장과 영광, 함평에서도 불길이 치솟았다. 충청도의 은진, 공주, 회덕, 청주도 마찬가지였다.

농민들은 지방 관아를 습격해 아전을 죽이고 집을 불태웠다. 수령을 길거리에 내쫓으며, 욕심 많은 양반 지주들의 집도 때려 부쉈다. 나중에는 함흥 지방과 제주도에서도 농민들이 들고일어나 조선 전체가 농민들의 함성으로 뒤덮일 정도였다. 1862년의 조선은 부패하고 잘못된 세상을 향한 분노의 함성으로 뜨겁게 타오르고 있었다.

"백성들이 이토록 분노하는 것은 모두 배가 고프기 때문이오. 백성들이 배를 주리게 된 것은 모두 삼정이 문란한 탓이니 이를 빨리 해결하시오."

철종은 왕위에 오른 뒤 처음으로 올바른 자기 목소리를 냈다.

봉기가 일어난 지역에 안핵사를 보내 부패한 수령을 파직하고 암행어사를 곳곳에 보내 실정을 알아보게 했다. 전국의 관리와 선비들에게 삼정을

고칠 수 있는 방법도 물었다. 삼정의 문란을 바로잡기 위한 관청도 새로 두었다. 하지만 양반들에게 삼정의 부담에서 제외되는 특권이 남아 있는 한 뾰족한 해결 방법이 나올 리 만무했다.

농민들의 봉기가 어느 정도 가라앉자 양반 관리들은 이를 이끈 농민들을 찾아내 처벌하는 데 혈안이 되었다. 앞장선 사람들은 대부분 큰 벌을 받았다. 농민 봉기로 피해를 입었다고 생각하는 양반과 지주들이 온갖 구실을 붙여 농민들에게 무자비하게 보복했다.

하지만 농민들도 확실히 달라지고 있었다.

"이제 더 이상 이대로 눌려 지내지 않을 것이다! 이 망할 놈의 세상, 언젠가는 확 뒤집어질 날이 오고 말 것이여."

참고만 살아왔던 순박한 농민들은 이제 양반들의 횡포에 맞서기 시작했다.

'그래도 내가 명색이 이 나라의 왕인데, 백성이 저토록 고통을 당하는 것을 그냥 보고만 있어야 한다니, 나 같은 왕은 빨리 죽는 것이 백성을 위한 길일 거야.'

그렇게 가슴앓이하며 지내던 철종은 병을 얻어 세상을 떠났다(1863년). 철종의 이른 죽음이 안동 김씨의 세도 정치에 마침표를 찍을 줄은 아무도 몰랐다.

세계 속의 한국인

19세기 조선의 위대한 지리학자, 김정호

지도는 한 시대의 삶의 기록이다. 지도 안에 사람은 없지만, 그 속에는 당시의 사람들이 어떻게 살았고, 무엇을 원하고 무엇을 중시했는지 고스란히 나타나 있기 때문이다.

1861년(철종 12)에 김정호가 만든 〈대동여지도〉는 조선 후기 우리 국토의 모습과 삶을 생생히 전해 준다. 게다가 오늘날의 지도와 비교해 봐도 결코 뒤지지 않을 정도로 정확하다. 김정호는 백두산을 여덟 번 오르고, 전국을 세 바퀴나 돈 끝에 〈대동여지도〉를 만들었다고 한다. 그리고 대원군에 바쳤다가 기밀 누설죄로 죽임을 당하고, 〈대동여지도〉는 불태워 없어졌다는 설이 있다. 하지만 이런 이야기들은 사실이 아니다.

우리 조상들은 이미 삼국 시대부터 지도를 제작해 사용했다. 삼국 시대와 고려 시대의 지도는 남아 있지 않지만, 조선 시대의 지도를 보면 그 제작 기술이 얼마나 정교하고 훌륭한지 알 수 있다. 1402년, 태종 때 만든 세계 지도 〈혼일강리역대국도지도〉가 대표적이다. 김정호 자신도 〈대동여지도〉를 만들기 전에 〈청구도〉와 〈동여도〉를 만들었다.

김정호는 이처럼 오랫동안 쌓인 지리 지식과 지도 제작 기술을 한데 모으고, 그때까지 나왔던 지도를 모두 살펴보고 종합했다. 그리고 나서 실생활에 꼭 필요한 정보를 과학적이고 아주 편리한 방식으로 만들어 낸 것이다. 김정호가 〈대동여지도〉를 만들 수 있도록 곁에서 도와주었던 사람도 많다. 당시의 실학자 최한기는 김정호의 오랜 벗이요 든든한 후원

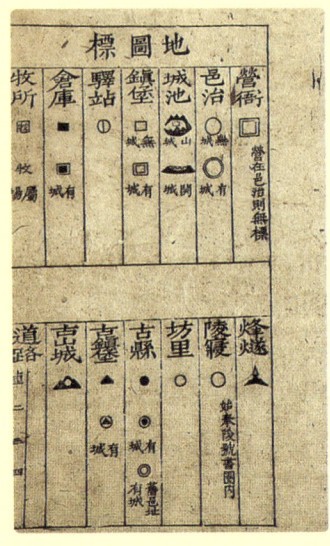 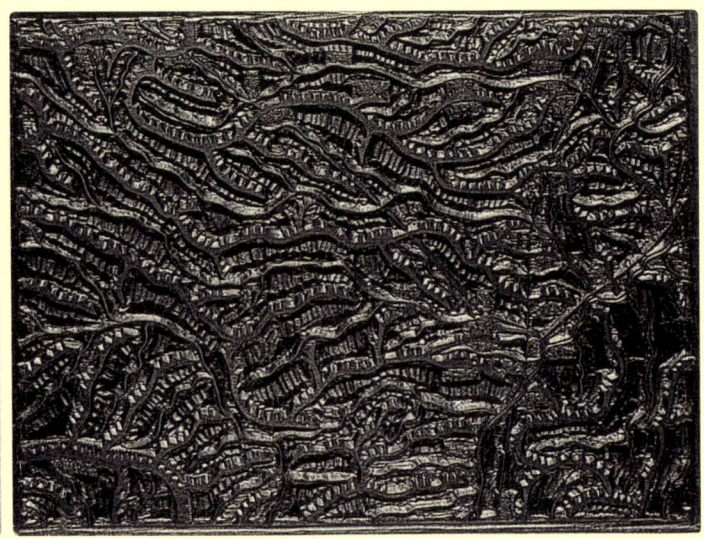

〈대동여지도〉 지도표와 목판

자였다. 벼슬이 병조 판서에 이르며 강화도 조약을 맺을 때 조선 대표였던 신헌은 비변사나 규장각에 있는 귀중한 지도 자료들을 볼 수 있도록 도움을 주었다. 또한 궁중 무관이었던 최성환은 경제적으로 후원했을 뿐만 아니라 김정호와 함께 《여도비지》라는 지리지를 쓰기도 했다.

19세기, 조선의 위대한 지리학자 김정호의 꿈은 〈대동여지도〉의 완성으로 이뤄졌다. 이 지도의 가장 큰 장점 중 하나는 목판으로 만들었다는 점이다. 인쇄본으로 만들었기 때문에 대량으로 생산할 수 있었다. 또한 지금 우리가 사용하는 지도처럼 약속된 기호를 정해 지도의 내용을 더욱 알기 쉽게 나타냈다.

〈대동여지도〉의 크기는 가로 3.3미터, 세로 6.7미터에 이를 정도로 거대하지만 접으면 책 크기로 줄어들기 때문에 휴대하기 매우 편리했다. 22개의 작은 책을 가로로 편 다음 세로로 이어 붙이면 요즘의 3층 건물 높이와 맞먹는 크기의 전체 지도가 된다.

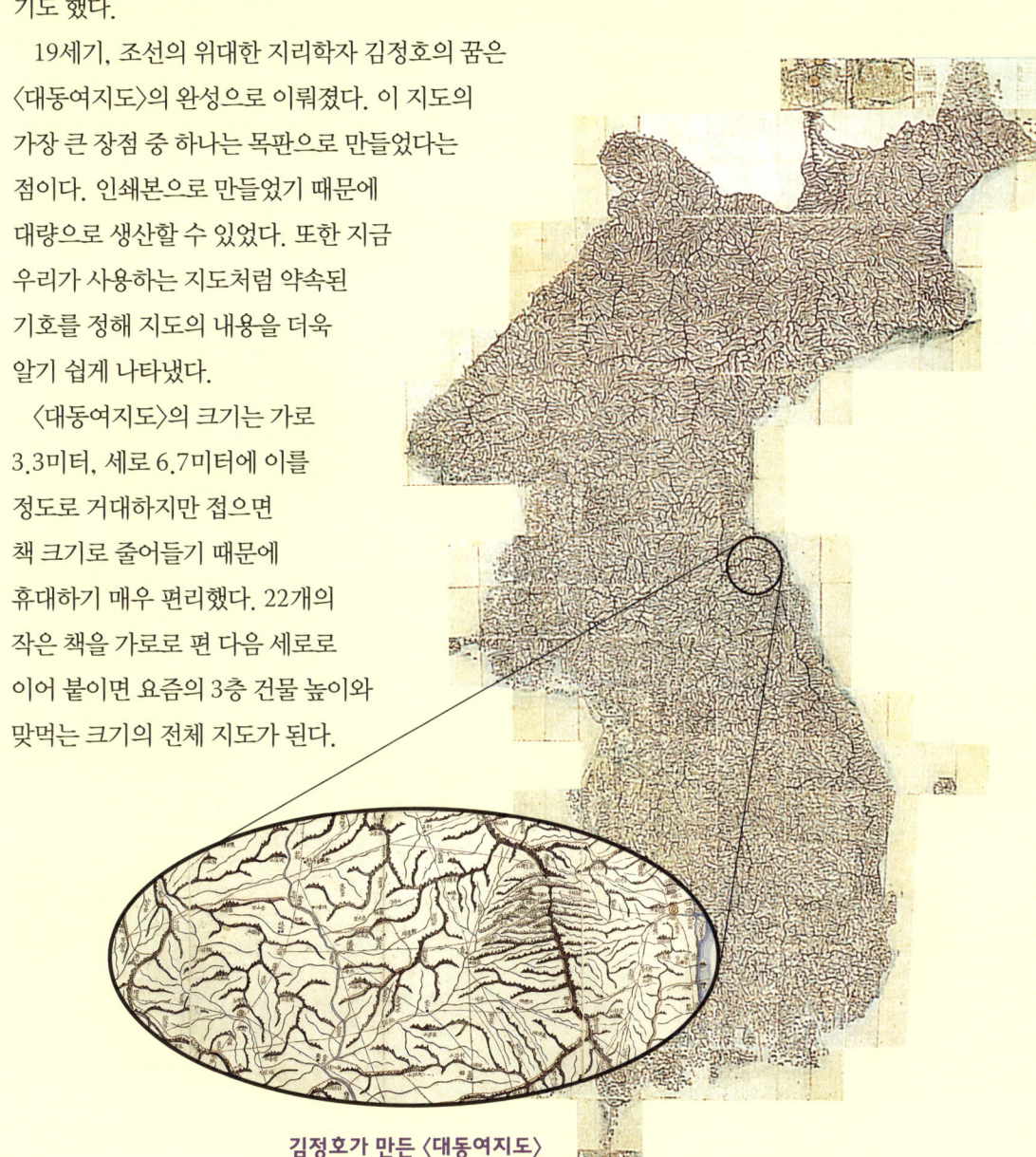

김정호가 만든 〈대동여지도〉

연표

우리나라		다른 나라	
1659년	자의 대비가 상복 입는 문제로 예송 논쟁이 일어나다.		
1678년	상평통보를 만들어 사용하다.	1673년	청나라에서 삼번의 난이 일어나다.
1683년	서인이 노론과 소론으로 갈라지다.		
1689년	세자 책봉 문제로 노론이 쫓겨나고, 남인이 세력을 얻다(기사환국).	1688년	영국에서 명예 혁명이 일어나다.
1696년	안용복이 독도에서 일본 어부를 쫓아내다.		
1708년	전국적으로 대동법이 시행되다.		
1712년	백두산에 정계비를 세우다.		
1725년	영조가 즉위해 탕평책을 실시하다.		
1732년	나라에서 담배 재배를 금하다.		
1742년	탕평비를 세우다.		
1750년	균역청을 두고 균역법을 실시하다.		
1755년	나주 괘서 사건이 일어나다.	1723년	청나라, 크리스트교 포교를 금지하다.
		1742년	영국과 프랑스가 식민지 쟁탈전을 시작하다.

1762년	사도 세자, 뒤주에 갇혀서 죽임을 당하다.	1762년 루소가 《사회 계약론》을 발표하다.
1763년	일본에서 고구마를 들여오다.	
1770년	유형원의 《반계수록》이 출간되다.	1765년 와트가 증기 기관을 완성하다.
1776년	규장각을 열다.	
1778년	박제가, 《북학의》를 짓다.	1773년 미국에서 보스턴 차 사건이 일어나다. 청나라에서 《사고전서》가 편찬되다.
1780년	박지원, 사신을 따라 청나라에 가다.	
1784년	이승훈, 연경 남천주당에서 세례를 받다. 유득공, 《발해고》를 짓다.	1776년 미국이 독립을 선언하다.
1787년	프랑스 함대 페르즈 일행, 제주도를 측량하고 울릉도에 접근하다. 이후 서양 함대가 자주 나타나다.	
1791년	정조, 신해통공을 발표해 금난전권을 폐지하다.	
1792년	정약용, 거중기를 발명하다.	

1796년	수원 화성이 완성되다.
1801년	신유박해로 이승훈, 이가환 등이 처형되고 정약용이 귀양 가다.
1805년	안동 김씨의 세도 정치가 시작되다.
1811년	평안도에서 홍경래가 지도하는 농민 봉기가 일어나다.
1818년	정약용, 《목민심서》를 완성하다.
1832년	영국 상선 로드 암허스트 호가 나타나 처음으로 통상을 요구하다.
1839년	천주교도를 박해하다(기해박해).
1860년	최제우, 동학을 창시하다.
1861년	김정호, 〈대동여지도〉를 만들다.
1862년	삼정이정청을 설치하다. 진주에서 농민 봉기가 일어나고 전국적으로 번져 나가다.

1789년
프랑스에서 혁명이 일어나고 인권 선언이 발표되다.

1804년
나폴레옹이 황제로 즉위하다.

1838년
영국에서 차티스트 운동이 일어나다.

1840년
청, 영국과 아편 전쟁을 벌이다.

1842년
청, 영국과 난징 조약을 체결하다.

1850년
청에서 태평 천국 운동이 일어나다.

1858년
인도의 무굴 제국이 무너지다.

1863년
링컨, 노예 해방 선언을 발표하다.

사진 자료 제공

간송미술관
〈미인도〉(99쪽), 〈월하정인〉(99쪽),
김득신의 〈대장간〉(102쪽)

강진군청
정약용(88쪽)

국립고궁박물관
책거리 병풍(50쪽), 〈십장생도〉(51쪽)

국립중앙도서관
《첩해신어》(48쪽), 《팔세아》(48쪽), 《자산어보》(129쪽)

국립중앙박물관
송시열(14쪽), 〈국서누선도〉(28쪽), 〈규장각도〉(77쪽),
《화성능행도》 중 〈노량주교도섭도〉(84쪽),
김홍도의 〈씨름〉(100쪽), 김홍도의 〈행상〉(100쪽),
김홍도의 〈새참〉(101쪽)

궁중유물전시관
영조(56쪽)

권태균
탕평비(54쪽), 신풍루(86쪽), 팔달문(86쪽),
화성의 화서문(112쪽), 〈순무영진도〉(123쪽),
다산 초당(128쪽)

문화재청
안용복 사당(34쪽)

이화여자대학교 담인복식미술관
담뱃대와 담배 침(40쪽)

삼성리움미술관
〈금강전도〉(69쪽)

서울대학교 규장각 한국학연구원
《사례편람》(13쪽), 허목(15쪽), 〈도성도〉(64쪽),
〈준천시사열무도〉(67쪽), 《무예도보통지》(79쪽),
《열하일기》(91쪽), 〈자매문기〉(143쪽),
〈대동여지도〉 지도표와 목판(150쪽),
〈대동여지도〉(151쪽)

수원화성박물관
거중기(113쪽)

일본 고베시립박물관
〈조선 통신사 내조도〉(26쪽)

천안홍대용과학관
홍대용(96쪽)

《탈춤》
봉산탈춤의 양반 말뚝이춤에 등장하는 탈(107쪽)

한국교회사연구소
《주교요지》(89쪽)

한국학중앙연구원
《정감록》(136쪽)

《한국 화폐의 변천》
상평통보(43쪽)

호암미술관
〈인왕제색도〉(70쪽)

• 저작권자를 찾지 못해 게재 허락을 받지 못한 일부 사진에 대해서는 저작권자가 확인되는 대로 허락을 받고 사용료를 지불하도록 하겠습니다.

찾아보기

ㄱ

강상 · 45, 46
개성상인 · 46
거중기 · 87, 88, 112
《경국대전》 · 13
《경세유표》 · 127
공명첩 · 110
군포 · 58, 61, 82, 141
권상연 · 87, 88
규장각 · 76, 93, 116, 151
균역법 · 62, 68
〈금강전도〉 · 69
김대건 · 136
김정호 · 150
김조순 · 90, 117
김홍도 · 100
김희순 · 146

ㄴ

나경언 · 72
남인 · 12, 21, 71, 89
납속책 · 110
내상 · 46
노론 · 23, 56, 75, 116
농민 봉기 · 143, 149
능행 · 80

ㄷ

다산 초당 · 126, 129
대동미 · 63
대동법 · 63
〈대동여지도〉 · 35, 150, 151
대조영 · 97
도화서 · 68, 98
독도 · 30, 32, 34
동학 · 137, 138

ㅁ

만덕 · 110, 111
목극동 · 35
《목민심서》 · 128
《무예도보통지》 · 79
민화 · 50, 51

ㅂ

박규수 · 146
박문수 · 58, 60, 61
박제가 · 76, 90, 94, 97
박지원 · 90, 92, 96, 146
《발해고》 · 97, 98
배다리 · 84
백낙신 · 144, 146
백동수 · 78

ㄷ

변승업 · 48, 49
보부상 · 42, 43, 46
북벌 정책 · 16
《북학의》 · 94
붕당 · 18, 55, 68, 86
비변사 · 151

ㅅ

사도 세자 · 71, 74, 80, 86
《삼국사기》 · 97
삼정 · 141, 149
상평통보 · 43, 63
서이수 · 76
서인 · 12, 17, 21, 23
서학 · 88, 137, 138
성균관 · 54, 144
세조 · 19
소론 · 23, 55, 71, 75
송시열 · 12, 21, 118
수원성 · 103
숙종 · 18, 20, 35, 55
순조 · 116, 118, 130
신윤복 · 99
신헌 · 151
심환지 · 87
쓰시마 섬 · 31, 34

156

ㅇ

안용복 • 30, 32
안핵사 • 146, 148
암행어사 • 59, 83, 148
양제해 • 126
어영대장 • 58
역관 • 25, 47, 49
연잉군 • 55, 56
《열하일기》• 92
영조 • 28, 54, 62, 71, 89
우군칙 • 121, 122, 125
울릉도 • 30, 32, 34
유계춘 • 144, 146
유득공 • 76, 90, 96, 132
6진 • 34
윤선도 • 13
이가환 • 88, 117
이덕무 • 76, 90
이승훈 • 88, 117
이앙 • 37
이양선 • 132
이원범 • 130
〈인왕제색도〉• 71
인조 • 13
인현 왕후 • 20, 22
임진왜란 • 39, 58

ㅈ

《자산어보》• 129
장시 • 42
장용영 • 78, 85, 116
장희빈 • 55
전의감 • 35
《정감록》• 135, 136
정선 • 68, 70
정순 왕후 • 72, 116, 117
정약용 • 87, 103, 126, 142
정약전 • 88, 117, 129
정약종 • 88, 117
정조 • 74, 80, 96, 111
주문모 • 87
《주자가례》• 13
진휼사 • 60

ㅊ

채제공 • 87, 111
천주교 • 87, 117, 130
철종 • 131, 148, 149
〈청구도〉• 150
최시형 • 139
최제우 • 137, 139
최한기 • 150
칠패 • 66

ㅌ

탕평비 • 54
탕평채 • 55
탕평책 • 55, 73, 75
통신사 • 24, 28, 48, 49

ㅎ

한글 소설 • 104, 105
한명회 • 19
할러슈타인 • 94
허목 • 12, 14, 16
허적 • 18, 19
헌종 • 130, 132
현륭원 • 80, 86
현종 • 12, 16, 17
혜경궁 홍씨 • 84, 86
〈혼일강리역대국도지도〉• 150
홍경래 • 121, 123, 125
홍대용 • 94, 95
홍패 • 110
화성 • 85, 88, 112, 126
환곡 • 140, 143, 144
효명 세자 • 118, 130
효종 • 12, 13, 16, 17
〈흥부가〉• 106
희빈 장씨 • 21, 22

제대로 한국사 7 새 세상을 열어 가는 조선 사람들

1판 1쇄 발행일 2009년 6월 20일
개정판 1쇄 발행일 2015년 10월 26일
개정2판 4쇄 발행일 2024년 4월 22일

지은이 전국역사교사모임

발행인 김학원
발행처 휴먼어린이
출판등록 제313-2006-000161호(2006년 7월 31일)
주소 (03991) 서울시 마포구 동교로23길 76(연남동)
전화 02-335-4422 **팩스** 02-334-3427
저자·독자 서비스 humanist@humanistbooks.com
홈페이지 www.humanistbooks.com
유튜브 youtube.com/user/humanistma **포스트** post.naver.com/hmcv
페이스북 facebook.com/hmcv2001 **인스타그램** @human_kids

편집 박민영 **디자인** 유주현 고문화 AGI **일러스트** 김선배 박미애
용지 화인페이퍼 **인쇄** 청아디앤피 **제본** 민성사

글 ⓒ 전국역사교사모임, 2009
ISBN 978-89-6591-412-9 74910
ISBN 978-89-6591-405-1 74910(세트)

- 이 책은 《행복한 한국사 초등학교 7》의 개정판입니다.
- 이 책은 저작권법에 따라 보호받는 저작물이므로 무단 전재와 무단 복제를 금합니다.
- 이 책의 전부 또는 일부를 이용하려면 반드시 저작권자와 휴먼어린이 출판사의 동의를 받아야 합니다.
- **사용 연령 8세 이상** 종이에 베이거나 긁히지 않도록 조심하세요. 책 모서리가 날카로우니 던지거나 떨어뜨리지 마세요.

선생님들이 가장 많이 추천한 이보다 좋을 수 없는 최고의 한국사!

이렇게 재미있는 역사책이 있었던가? 꼭 있어야 할, 그리고 꼭 있었으면 하는 내용과 자료가 들어 있는 알찬 구성 덕분에 부모와 교사도 아이와 함께 읽으면 좋다. 흥미진진하고 역사 고증에도 충실한, 말 그대로 이보다 좋을 수 없는 한국사 교양서이다.
— **김성전** 서울수리초등학교 교사

《제대로 한국사》는 재미있고 풍성하다. 무엇보다 생동감이 있어서 마치 영화를 보고 있는 듯한 착각에 빠져든다. 인물, 사건, 제도가 아니라 조상들의 지혜, 용기, 희망 등을 전하고자 하는 역사 선생님들의 노력이 느껴진다. 역사를 왜 공부해야 하는지, 역사가 미래에 어떤 도움이 될지 잘 알려 주는 책이다.
— **이강무** 서울인창중학교 교사

5학년 사회 수업 보조 교재로 꼭 안성맞춤인 역사책이다. 한국사를 이해하는 데 꼭 필요한 내용만 엄선해 쉽게 썼다. 교과서의 흐름에 맞춘 탄탄한 내용 구성은 아이들이 역사를 이해하는 데 도움을 주고, 여러 인물의 이야기는 아이들이 역사에 더 가깝게 다가가도록 돕는다.
— **김형도** 광주새별초등학교 교사

"역사를 잊은 민족에게 내일은 없다." 아이들에게 역사를 제대로 가르쳐야 하는 까닭도 바로 여기에 있다고 생각한다. 교과서만으로는 우리 역사를 깊이 알기 어렵다. '제대로 된' 역사책으로 우리 아이들에게 역사를 알아 가는 기쁨을 주고 싶다.
— **진현** 화성제암초등학교 교사

《제대로 한국사》는 오랫동안 학생들을 가르쳐 온 역사 선생님들이 아이들의 눈높이에 맞춰 흥미로운 이야기로 역사를 들려준다. 아이들이 역사 속으로 푹 빠져 재미있게 읽으면서 동시에 역사 공부도 할 수 있는 멋진 책이다.
— **최운** 남양주판곡초등학교 교사

흥미진진한 자기 주도 역사책. 사료에 기반한 역사적 사실들이 생동감 있게 아이들의 눈앞에 펼쳐진다. 교과서의 어려운 용어와 개념보다 생생한 과거 '사람들의 이야기'가 되살아난다. 아이들이 고개를 끄덕이며 쉽게 읽을 수 있는 진정한 드라마다.

– 맹수용 의정부중학교 교사

어려운 역사적 용어와 개념을 딱딱한 단어들 앞에 묶어 두지 않고 백성들의 소리로 전달했다. 아이들이 술술 읽으면서 옛사람들이 살았던 시대와 삶을 생생하게 경험해 볼 수 있는 책이다. 이 책에는 아이들이 가진 역사에 대한 거부감의 원인이 무엇인지 알고, 그것을 해결하려 고민한 흔적이 여실히 드러나 있다.

– 나해린 양주고등학교 교사

교과서 속 인물들이 책에서 빠져나와 살아 움직이며 활기 넘치는 모습으로 이야기를 전해 준다. 역사가 재미없는 과거 사실의 나열이 아니라, 나와 같은 사람들이 울고 웃으며 생활했던 모습이 담겨 있는 옛날이야기라는 것을 보여 준다.

– 손언희 김해삼성초등학교 교사

굵직한 역사적 사건들을 작은 역사적 사실과 연결해 역사를 쉽게 만나게 한다. 역사책은 딱딱하다는 고정 관념을 버릴 수 있게 한 구성이 마음에 든다. 역사를 처음 만나는 아이들에게는 눈높이 역사 교과서이고, 학부모에게는 흥미진진한 역사 교양 안내서이다.

– 김동국 부산정관초등학교 교사

내 친구들의 이야기, 내 이웃의 이야기를 읽는 것 같아 친근하다. 그러면서도 주변 사람과의 관계를 생각하게 하고, 사회와 나의 관계, 더 나아가 세계 속의 나를 생각해 볼 수 있게 하는 책이다. 한 편의 이야기를 읽듯 쉽고 재미있다.

– 배병록 서천초등학교 교사